Tschechisch Express 4

Anhang

Inhalt

Symbole

Hörtext auf CD und Tracknummer

Sprache unter der Lupe

Abkürzungen und Zeichen

Ma, Mi	*Maskulinum animatum (belebt), Maskulinum inaminatum (unbelebt)*
F	*Femininum*
N	*Neutrum*
sg.	*Singular (Einzahl)*
pl.	*Plural (Mehrzahl)*
-e-	*bewegliches* -e- *(z.B.* **den** Tag, **dny** Tage*)*
N	*Nominativ*
G	*Genitiv*
D	*Dativ*
A	*Akkusativ*
V	*Vokativ*
L	*Lokativ*
I	*Instrumental*
kol.	*ugs., Alltagssprache*
impf./pf.	*imperfektives Verb (unvollendet, drückt den Verlauf einer Handlung aus) / perfektives Verb (vollendet, drückt das Ergbnis einer Handlung oder eine Handlung zu einem bestimmten Zeitpunkt aus)*
chodit – jít	*„lange" (nicht determinierte) – „kurze" (determinierte) Bewegungsverben*
*	*Mit Sternchen sind alle sog. e-Verben versehen, die in der Konjugation im Präsens eine Änderung im Wortstamm aufweisen (z.B.* **číst, čtu, čteš, čte**, … lesen, ich lese, du liest, er/sie/es liest, …*)*
×	*versus*

Arbeitsanweisungen

čtěte, přečtěte si	lesen Sie
doplňte	ergänzen Sie
najděte	finden Sie
pište, napište	schreiben Sie
odpovídejte	antworten Sie
opakujte, zopakujte si	wiederholen Sie
označte	markieren Sie
PAMATUJTE SI	MERKEN SIE SICH
počítejte	zählen Sie
poslouchejte	hören Sie

používejte	benutzen Sie
POZOR	VORSICHT
procvičujte	üben Sie
přeložte	übersetzen Sie
ptejte se	fragen Sie
řekněte	sagen Sie
seřaďte	ordnen Sie
spojte	verbinden Sie
tvořte	bilden Sie
změňte	ändern Sie

Grammatische Grundbegriffe

So wie ein Handwerker für seine Arbeit Werkzeuge braucht, benötigen Sie für das Erlernen der tschechischen Sprache einige grammatische Grundbegriffe. Wir haben sie in der folgenden Tabelle für Sie zusammengestellt. Einige davon kennen Sie sicher aus Ihrem Deutschunterricht an der Schule, andere werden neu für Sie sein.
In Ihrem Tschechischunterricht können Sie die lateinischen oder die tschechischen Begriffe hören, z.B. substantiv *oder* podstatné jméno *(Substantiv/Hauptwort). Damit Sie beide Begriffe verstehen, haben wir in der ersten Spalte erst die lateinischen und dann die tschechischen Begriffe angeführt.*

Lateinischer/Tschechischer Begriff	**Lateinischer/Deutscher Begriff**	**Erklärung auf Deutsch und/oder Beispiele**
adjektivum/přídavné jméno *-ý adjektiva (tvrdá přídavná jména)* *-í adjektiva (měkká přídavná jména)*	***Adjektiv/Eigenschaftswort*** *ý-Adjektive (harte Adjektive)* *í-Adjektive (weiche Adjektive)*	*Ein Adjektiv beschreibt die Eigenschaft einer Sache, eines Geschehens oder Zustands, z.B.:* nov**ý** (neu), dobr**ý** (gut), blízk**ý** (nah), … modern**í** (modern), kvalitn**í** (hochwertig), …
adverbium/příslovce	***Adverb/Umstandswort***	*Ein Adverb beschreibt den Umstand eines im Satz genannten Verbs, Substantivs oder Adjektivs näher. Im Gegensatz zum Adjektiv wird ein Adberb nicht dekliniert, z.B.:* dob**ře** (gut), blízk**o** (nah), kvalitn**ě** (hochwertig), modern**ě** (modern), …
aspekt/vid *imperfektivní/nedokonavý* *perfektivní/dokonavý*	***Aspekt*** *imperfektiv/unvollendet* *perfektiv/vollendet*	*Im Tschechischen gibt es zu den meisten Verben zwei Aspekte: den imperfektiven (unvollendeten) und den perfektiven (vollendeten) Verbaspekt. Dabei handelt es sich um zwei verschiedene Verben, die in unterschiedlicher Bedeutung benutzt werden. Imperfektive Verben drücken den Verlauf einer Handlung oder eine sich wiederholende Handlung aus, während perfektive Verben das Ergebnis einer Handlung oder eine Handlung zu einem bestimmten Zeitpunkt beschreiben. Zum Beispiel entsprechen dem deutschen Verb* machen *zwei tschechische Verben:* dělat *(imperfektiver Aspekt) und* udělat *(perfektiver Aspekt).*
čas *futurum/budoucí čas* *prézens/přítomnýčas* *préteritum/minulý čas*	***Tempus/Zeitform*** *Zukunft* *Gegenwart* *Vergangenheit*	**Budu** doma. (Ich werde zu Hause sein.) **Jsem** doma. (Ich bin zu Hause.) **Byl jsem** doma. (Ich war zu Hause.)
deklinace/skloňování, deklinovat/skloňovat	***Deklination, deklinieren***	*Substantive, Adjektive, Pronomen und Zahlwörter werden im Tschechischen dekliniert. Die Fälle im Singular und Plural werden wie im Lateinischen durch entsprechende Endungen (*koncovky*) angezeigt.*
imperativ/rozkazovací způsob	***Imperativ/Befehlsform***	děl**ej**, děl**ejte** (mach, machen Sie / macht), č**ti**, č**těte** (lies, lesen Sie / lest)
infinitiv	***Infinitiv***	*Der Infinitiv ist die Grundform eines Verbs. Im Tschechischen endet der Infinitiv immer auf den Konsonanten* -t *, z.B.* děla**t** (machen)
interjekce/citoslovce	***Interjektion***	ach (ach), au (aua), brr (brr), …
kondicionál/podmiňovací způsob	***Konjunktiv/Möglichkeitsform***	Chtěl/Chtěla bych… (Ich würde gern …)
konjugace/časování, konjugovat/časovat	***Konjugation, konjugieren***	*Verben werden konjugiert. Die Person im Singular und Plural wird durch die entsprechende Endung (*koncovka*) angezeigt. Wenn die Person nicht extra betont werden soll, wird das Personalpronomen (ich, du, er, sie, es, wir, ihr, sie, Sie) nicht genannt, z.B.:* děl**ám** (ich mache), děl**áš** (du machst), děl**á** (er/sie/es macht), … *In diesem Lehrwerk werden vier Konjugationstypen unterschieden, die sog. á-Verben, í-Verben, e-Verben und uj-Verben (Infinitiv endet auf -ovat).*
konjunkce/spojka	***Konjunktion/Bindewort***	a (und), nebo (oder), ale (aber), když (wenn/falls/als), …
konzonant/souhláska	***Konsonant/Mitlaut***	h, ch, k, b, f, l, m, p, ž, š, č, ř …
numerálie/číslovka *základní* *řadová*	***Numerale/Zahlwort*** *Kardinalzahlen* *Ordinalzahlen*	jeden (eins), dva (zwei), tři (drei), … první (der/die/das erste), druhý (der/die/das zweite), třetí (der/die/das dritte), …
objekt/předmět *přímý* *nepřímý*	***Objekt*** *Akkusativobjekt / Ergänzung im Wen-Fall* *Dativobjekt / Ergänzung im Wem-Fall*	Učitelka posílá **dopis** studentovi. (Die Lehrerin schickt dem Studenten **einen Brief**.) Učitelka posílá dopis **studentovi**. (Die Lehrerin schickt **dem Studenten** einen Brief.)

pád *nominativ/první pád* *genitiv/druhý pád* *dativ/třetí pád* *akuzativ/čtvrtý pád* *vokativ/pátý pád* *lokál, lokativ/šestý pád* *instrumentál/sedmý pád*	***Kasus/Fall*** *Nominativ / Wer-Fall* *Genitiv / Wessen-Fall* *Dativ / Wem-Fall* *Akkusativ / Wen-Fall* *Vokativ / Anredefall* *Lokativ / Wo-Fall* *instrumentál / Womit-Fall*	*Die einzelnen Fälle drücken im Satz die grammatische Beziehung der Wörter zueinander aus. Im Tschechischen werden die Fälle durch entsprechende Endungen angezeigt. Mehr zu den Fällen s. S. 82.*
plurál/množné číslo	***Plural/Mehrzahl***	doktoři (Ärzte), obchody (Geschäfte), školy Schulen, restaurace (Restaurants), kina (Kinos), …
prepozice/předložka	***Präposition/Verhältniswort***	bez (ohne), na (auf/an/zu), v (in), do (nach/in/bis), z (aus), pro (für), …
pronomen/zájmeno *personální/osobní* *posesivní/přivlastňovací* *interogativní/ tázací* *indefinitní/neurčité* *negativní/záporné*	***Pronomen/Fürwort*** *Personalpronomen* *Possessivpronomen* *Interrogativpronomen* *Indefinitpronomen* *Negativpronomen*	 já (ich), ty (du), on (er), … můj (mein), tvůj (dein), jeho (sein), … kdo (wer), co (was), čí (wessen), … někdo (jemand), něco (etwas), nějaký (irgendein), … nikdo (niemand), nic (nichts), žádný (kein), …
rod *Ma maskulinum animatum/mužský rod životný* *Mi maskulinum inanimatum/ mužský rod neživotný* *F femininum/ženský rod* *N neutrum/střední rod*	***Genus/Geschlecht*** *Ma Maskulinum animatum (belebt)* *Mi Maskulinum inanimatum (unbelebt)* *F Femininum* *N Neutrum*	*Im Tschechischen werden Substantive, Adjektive, die Mehrheit der Pronomen und einige Zahlwörter nach ihrem Geschlecht unterschieden. Es gibt drei grammatische Geschlechter: Maskulinum, Femininum und Neutrum.* *VORSICHT: Im Unterschied zum Deutschen unterscheidet das Tschechische zwischen belebten und unbelebten Maskulina. Belebte Maskulina sind alle männlichen Personen und Tiere. Vergleichen Sie:* *Ma*: doktor (Arzt) *Mi*: obchod (Geschäft) *F*: škola (Schule) *N*: kino (Kino)
samohláska	***Vokal/Selbstlaut***	a, e, i, y, o, u, á, é, í, …
singulár/jednotné číslo	***Singular/Einzahl***	doktor (Arzt), obchod (Geschäft), škola (Schule), kino (Kino), …
subjekt/podmět	***Subjekt***	**Učitelka** posílá dopis studentovi. (**Die Lehrerin** schickt dem Studenten einen Brief.)
substantivum/podstatné jméno	***Substantiv/Hauptwort***	doktor (Arzt), obchod (Geschäft), škola (Schule), kino (Kino), …
verbum, sloveso *transitivní/přechodné* *intransitivní/nepřechodné*	***Verb/Zeitwort*** *transitives Verb* *intransitives Verb*	*Ein Verb drückt eine Handlung oder einen Zustand aus, z.B.:* vidět (sehen), mít (haben), hledat (suchen), dělat (machen), být (sein), pracovat (arbeiten), spát (schlafen), … *Ein transitives Verb ist ein Verb, das ein Akkusativobjekt hat bzw. haben kann (z.B.* vidět, mít, hledat, dělat*). Ein intransitives Verb hat kein Akkusativobjekt (z.B.* být, pracovat, spát*).*

Anhang zu Lektion 8

8.1 Jaký × který

Das Fragepronomen **jaký** was für ein *wird benutzt, wenn man nach der Art, der Eigenschaft oder der Qualität einer Sache bzw. einer Person fragt, z.B.:* **Jaký svetr si chceš koupit?** Was für einen Pullover möchtest du dir kaufen? – **Nějaký červený.** Irgendeinen roten.

Das Fragepronomen **který** welcher *hat eine ähnliche Bedeutung wie* jaký, *wird aber benutzt, wenn man zwischen mehreren Möglichkeiten auswählen kann. In der gesprochenen Sprache verwischt sich dieser Unterschied allerdings, es wird auch oft* jaký *benutzt, wenn es mehrere Möglichkeiten zur Auswahl gibt, z.B.:* **Který/Jaký svetr si chceš koupit? Ten červený nebo ten modrý?** Welchen / Was für einen Pullover möchtest du dir kaufen? Den roten oder den blauen? – **Ten červený.** Den roten.

Die Pronomen který *und* jaký *werden nach dem Musteradjektiv* nový *dekliniert. Die Deklination der Adjektive finden Sie in der Deklinationstabelle auf S. 83 und 84.*

8.2 Nebensätze mit der Konjunktion aby („aby-Sätze“)

Im Lehrbuch auf S. 6 sehen Sie zwei Typen von Nebensätzen mit der Konjunktion aby *(„aby-Sätze“):*

*1. Finalsätze (*aby *= damit, um … zu), z.B.:*
V obchodech chybí hodiny i denní světlo, abyste nemysleli na čas a strávili tam delší dobu. In den Geschäften gibt es keine Uhren und kein Tageslicht, damit Sie nicht an die Zeit denken und länger dort bleiben.
Finalsätze antworten auf die Frage proč? jaký je účel? wozu? mit welcher Absicht / zu welchem Zweck?

*2. Objektsätze (*aby *= dass), z.B.:*
Hudba, která v obchodě hraje, vás může příjemně naladit a přesvědčit, abyste bezstarostně nakupovali. Die Musik, die in den Geschäften läuft, kann Ihnen gute Laune machen und Sie dazu bringen, dass Sie sorglos einkaufen.
Objektsätze mit aby *stehen nach Verben, die einen Rat, eine Empfehlung, eine Bitte, einen Wunsch, eine Forderung, einen Befehl oder eine Warnung ausdrücken, z.B.:*

radit/poradit raten (einen Ratschlag geben)
doporučovat/doporučit empfehlen
prosit/poprosit bitten
žádat/požádat bitten, fordern
přát si sich wünschen
chtít wollen
přesvědčovat/přesvědčit überzeugen
dávat/dát (si) pozor aufpassen, achten
potřebovat brauchen
říkat/říct sagen

Es gibt auch Subjektsätze mit aby, *z.B.:* Je nutné, aby… Es ist notwendig, dass … Je třeba, aby… Es ist erforderlich, dass …

Alle Typen von „aby-Sätzen“ haben die gleiche Struktur. Sie werden mit dem Wort aby *in der entsprechenden Form und der sog. l-Form (dem Partizip Aktiv) gebildet, die auch für die Vergangenheit und den Konjunktiv benutzt wird, z.B.* byl, měl, chtěl, mohl. *In der Tabelle sehen Sie die Struktur eines „aby-Satzes“ mit dem Verb* být *als Beispiel:*

Hauptsatz	*Komma*	*Nebensatz („aby-Satz“)*		
			aby-Form	*l-Form*
		(já)	**abych**	**byl/byla**
		(ty)	**abys**	**byl/byla**
…	,	*(on/ona/to)*	**aby**	**byl/byla/bylo**
		(my)	**abychom/abysme**[1]	**byli**[2]
		(vy)	**abyste**	**byli**[2]
		(oni)	**aby**	**byli**[2]

[1] *Die Form* abychom *ist typisch für die Schriftsprache, während die Form* abysme *in der Alltagssprache benutzt wird. In der Alltagssprache können Sie auch die Formen* abysem *anstatt* abych *und* abysi *anstatt* abys *hören.*

[2] *Im geschriebenen Tschechisch unterscheidet sich die l-Form auch im Plural nach dem Geschlecht:* aby byli (muži), aby byly (obchody), aby byly (ženy), aby byla (auta). *Die Form mit der Endung -a für neutrale Substantive hören Sie auch in der gesprochenen Schriftsprache, z.B. in Nachrichten. Der Einfachheit halber benutzen wir in dieser Phase des Unterrichts vorerst für den Plural nur die Form mit der Endung -i, hier also* byli.

Achten Sie auf die Formen beim Siezen:
Wenn man einen Mann anspricht: **Co můžete dělat, abyste v obchodě koupil jenom to, co chcete?** Was können Sie tun, damit Sie im Geschäft nur das kaufen, was Sie möchten?
Wenn man eine Frau anspricht: **Co můžete dělat, abyste v obchodě koupila jenom to, co chcete?** Was können Sie tun, damit Sie im Geschäft nur das kaufen, was Sie möchten?
Wenn man mehrere Personen anspricht, ganz gleich ob man siezt oder duzt: **Co můžete dělat, abyste v obchodě koupili jenom to, co chcete?** Was können Sie tun, damit Sie im Geschäft nur das kaufen, was Sie möchten? / Was könnt ihr tun, damit ihr im Geschäft nur das kauft, was ihr möchtet?

Bei reflexiven Verben wird in der 2. Person Singular die Endung -s an das Reflexivpronomen angehängt, z.B.: **Doporučuju, ~~abys si~~ vzal v obchodě košík. > Doporučuju, aby sis vzal v obchodě košík.** Ich empfehle dir, im Geschäft einen Einkaufskorb zu nehmen.

8.3 Wortfolge

Die Wortfolge im Tschechischen ist flexibel. Das bedeutet, dass die einzelnen Satzglieder nicht unbedingt in einer bestimmten Reihenfolge genannt werden müssen. Im Allgemeinen gilt die Regel, dass bekannte Informationen am Anfang des Satzes stehen, während neue Informationen am Ende genannt werden. Beachten Sie, wie die Wortfolge die Bedeutung eines Satzes verändern kann:

Češi si vybírají čokoládu podle chuti. Tschechen wählen Schokolade nach dem Geschmack aus. *(= nicht nach dem Preis, der Qualität oder einem anderen Kriterium)*
Češi si vybírají podle chuti čokoládu. Tschechen wählen Schokolade nach dem Geschmack aus. *(= nicht Bananen, Milch oder ein anderes Produkt)*
Podle chuti si vybírají čokoládu Češi. Tschechen wählen Schokolade nach dem Geschmack aus. *(= nicht Amerikaner, Deutsche oder Leute aus anderen Ländern)*

Beachten Sie, dass das Reflexivpronomen si *immer an Position 2 im Satz steht:*
Češi si vybírají podle chuti čokoládu. Tschechen wählen Schokolade nach dem Geschmack aus.
Vybírají si Češi čokoládu podle chuti? Wählen Tschechen Schokolade nach dem Geschmack aus?
Mehr zur zweiten Position im Satz s. Punkt 8.4.

8.4 Die zweite Position im tschechischen Satz

Im Tschechischen gibt es einige kurze unbetonte Wörter (die sog. Enklitika), die nicht am Satzanfang stehen können. Diese unbetonten Wörter stehen im Satz immer an der zweiten Position, d.h. nach dem ersten Satzglied. Ein Satzglied kann ein Wort, aber auch ein Ausdruck mit mehreren Wörtern sein, die inhaltlich zusammengehören, z.B.:
Můj kamarád si dal čokoládovou zmrzlinu. Mein/Ein Freund hat ein Schokoladeneis gegessen.
Můj kamarád z práce si dal čokoládovou zmrzlinu. Ein Freund von der Arbeit hat ein Schokoladeneis gegessen.
Můj dobrý kamarád z práce si dal čokoládovou zmrzlinu. Ein guter Freund von der Arbeit hat ein Schokoladeneis gegessen.
Můj dobrý kamarád z práce a jeho přítelkyně si dali čokoládovou zmrzlinu. Ein guter Freund von der Arbeit und seine Freundin haben ein Schokoladeneis gegessen.

Die kurzen unbetonten Wörter sind in der nachfolgenden Tabelle aufgeführt. Wenn es mehrere unbetonte Wörter an der zweiten Position gibt, werden sie in dieser Reihenfolge genannt:

Satzanfang	***zweite Position***				*Ende des Satzes*
	Hilfsverb für Vergangenheit oder Konjunktiv	*Reflexivpronomen se oder si*	*kurze Formen der Personalpronomen im Dativ*	*kurze Formen der Personalpronomen im Akkusativ*	
Dal	**bych**	**si**	---	---	čokoládovou zmrzlinu.
Bál	**jsem**	**se**	**mu**	**ji**	dát.

Die Sätze aus der Tabelle auf Deutsch:
Dal bych si čokoládovou zmrzlinu. Ich hätte gern ein Schokoladeneis.
Bál jsem se mu ji dát. Ich hatte Angst, sie ihm zu geben.

Beachten Sie: Die Konjunktionen a *und* ale *am Anfang eines Haupt- oder Nebensatzes zählen nicht als Satzglied, z.B.:*
Včera odpoledne jsem byl v cukrárně a dal jsem si čokoládovou zmrzlinu. Gestern Nachmittag war ich in der Konditorei und habe ein Schokoladeneis gegessen.
Včera odpoledne jsem byl v cukrárně, ale nedal jsem si čokoládovou zmrzlinu. Gestern Nachmittag war ich in der Konditorei, aber ich habe kein Schokoladeneis gegessen.

8.5 Kurze Formen der Personalpronomen im Genitiv, Dativ und Akkusativ

Im Lehrbuch auf S. 9 sehen Sie:

Čokoládu prodávám, protože ji sama miluju. Ich verkaufe Schokolade, weil ich sie selbst liebe.
Nabízím jim proto výrobky s certifikátem Fairtrade. Ich biete ihnen deshalb Produkte mit dem Zertifikat Fairtrade an.
Dobře, že se mě ptáte. Gut, dass Sie mich fragen. *(Das Pronomen* mě *ist hier der Genitiv:* ptát se + *Genitiv.)*
Nechcete se jí taky zúčastnit? Zvu vás i vaše kolegy. Möchten Sie nicht auch daran teilnehmen? Ich lade Sie und Ihre Kollegen ein. *(Das Pronomen* jí *ist hier der Genitiv:* zúčastnit se + *Genitiv.)*

Die unterstrichenen Pronomen sind die sog. kurzen (unbetonten) Formen[1] der Personalpronomen im Genitiv, Dativ und Akkusativ. Vergleichen Sie:

	Singular				*Plural*		
1. Nominativ	já	ty	on, ono[2]	ona	my	vy	oni
2. Genitiv	**mě**	**tě**	**ho**	**jí**	**nás**	**vás**	**jich**
3. Dativ	**mi**	**ti**	**mu**	**jí**	**nám**	**vám**	**jim**
4. Akkusativ	**mě**	**tě**	**ho**	**ji**	**nás**	**vás**	**je**

[1] *Im Tschechischen gibt es nicht nur die kurzen Formen der Personalpronomen, sondern auch die sog. langen (betonten) Formen, die am Satzanfang oder am Ende eines Satzes stehen, und die Formen, die nach Präpositionen benutzt werden. Eine Deklinationstabelle mit den kurzen Formen und den Formen nach Präpositionen finden Sie auf S. 82.*

[2] *Anstatt des Personalpronomens* ono *es wird vor allem im Nominativ Singular oft das Demonstrativpronomen* to *das benutzt, z.B.:* To je zajímavé. Das ist interessant.

Beachten Sie, dass die kurzen Formen der Personalpronomen immer an Position 2 im Satz stehen, s. Punkt 8.4.

8.6 Traditionen, Bräuche und Konventionen

1. Einkaufen im Geschäft
In Geschäften begrüßt und bedankt man sich normalerweise. Folgende Sätze können Sie von einer Verkäuferin / einem Verkäufer an der Kasse z.B. im Supermarkt hören:

Máte naši kartu/kartičku? Haben Sie unsere Kundenkarte?
Budete platit kartou nebo hotově? Zahlen Sie mit Karte oder bar?
Karta je bezkontaktní? Ist das eine kontaktlose Karte?
Chcete tašku? Möchten Sie eine Tüte?

2. Einkaufen im Internet
Ausdrücke, die Sie beim Einkaufen im Internet verstehen müssen:

e-shop Online-Shop
přihlásit anmelden, einloggen
odhlásit abmelden, ausloggen
koupit kaufen
přidat do košíku in den Warenkorb legen
pokračovat weiter
nakoupit bez registrace Einkaufen ohne Registrierung
registrace (vytvořit účet) Registrierung (Kundenkonto anlegen)

doprava Lieferung
dopravce, **kurýr** Versandfirma, Kurier
Česká pošta Tschechische Post
osobní odběr Selbstabholung

platba Zahlung
kartou on-line online mit Karte
on-line platba Online-Zahlung
bankovním převodem per Überweisung
dobírkou (na dobírku) per Nachnahme
k pokladně zur Kasse
dokončit objednávku den Einkauf abschließen

Wortschatz zu Lektion 8

Die Aufnahmen zum Wortschatz der Lektion 8 finden Sie online unter www.czechstepbystep.cz, Track 47–53.

• **Seite 6** *(Track 47)*

akce	Aktion, Sonderangebot
ani	(noch) nicht einmal
bezstarostně	unbekümmert, unbesorgt
bránit se + *D*	widerstehen, sich wehren
bránit se manipulaci	der Manipulation widerstehen
cena	Preis
často	oft
častý	häufig
čerstvě	frisch (Adv.)
dávat (si) pozor na + *A*	Acht geben, aufpassen
dělat + *A*	machen, tun
denní	Tages- (+ Subst.)
dlouhý	lang
doba	Zeit, Zeitraum
doporučovat + *D, A*	empfehlen
drahý	teuer
fungovat	funktionieren
hlavně	hauptsächlich (Adv.), vor allem
chybět + *N, D*	fehlen
jen	nur
jestli	ob, wenn
jindy	ein andermal
jistý	sicher
košík	Einkaufskorb, Korb
koupený	gekauft
koupit *pf.* + *D, A*	kaufen
leták	Flyer, Werbeprospekt
levný	billig, günstig
málo	wenig
malý	klein
manipulace	Manipulation
moct*, můžu	können (Möglichkeit)
možná	vielleicht
myslet	denken
najíst se, najím se *pf.*	essen
najít *pf.* + *A*	finden
nákup	Einkauf
nákupní	Einkaufs- (+ Subst.)
nakupování	Einkaufen
nakupovat + *D, A*	einkaufen, kaufen
naladit *pf.* + *A*	einstimmen, (gute) Laune machen
napsat*, napíšu *pf.* + *D, A*	schreiben
nějaký	irgendein (in Fragen oft nicht übersetzt)
některý	einer, mancher
než	als (nach einem Vergleich)
obchodní centrum	Einkaufszentrum
obchodník	Händler, Geschäftsmann
oblíbený	beliebt, Lieblings- (+ Subst.)
obvykle	normalerweise
oko	Auge
opravdu	wirklich (Adv.)
ovlivnit *pf.* + *A*	beeinflussen
podle + *G*	gemäß, nach, … Meinung nach
podobně	ähnlich (Adv.)
pomoct*, pomůžu *pf.* + *D*	helfen
porovnávat + *A*	vergleichen
potřebovat + *A*	brauchen
používat + *A*	benutzen, verwenden
předem	im Voraus
přes + *A*	über, per, durch
přesvědčit *pf.* + *A*	überzeugen
při + *L*	bei, während
příjemně	angenehm (Adv.)
reklamní	Reklame-, Werbe- (+Subst.)
rovnou	direkt (Adv.)
rychle	schnell (Adv.)
seznam	Liste
sezónní	Saison- (+ Subst.)
sleva	Rabatt, Sonderangebot
strávit *pf.* + *A*	verbringen
světlo	Licht
trh	Markt
trik	Trick
ušetřit *pf.* + *A*	sparen
utratit *pf.* + *A*	(Geld) ausgeben
věc	Sache, Ding
vlastně	eigentlich (Adv.)
vliv	Einfluss
vozík	Einkaufswagen
všimnout* si, všimnu si *pf.* + *G*	bemerken, merken
vůně	Duft
vypadat	aussehen
výprodej	Ausverkauf
výše	Höhe
využívat + *G, A*	Gebrauch machen von, nutzen
zajímat se o + *A*	sich interessieren
zákazník	Kunde
zboží	Ware
zdát se + *N, D*	scheinen, vorkommen (etw. kommt jemandem … vor)

Myslím, že…	Ich denke, dass …
Nejsem si jistý/jistá, jestli…	Ich bin mir nicht sicher, ob …
Určitě/Asi/Možná funguje, když…	Bestimmt/Wahrscheinlich/Vielleicht funktioniert es, wenn …
Všiml/a jsem si, že…	Ich habe bemerkt/gemerkt, dass …
Zdá se mi, že…	Es scheint mir, dass …

• **Seite 7** *(Track 48)*

dát (si) pozor na + *A*	Acht geben, aufpassen
dlouho	lange (Adv.)
existovat	existieren
nejdřív	zuerst
občas	manchmal
oblečení	Kleidung
porovnat *pf.* + *A*	vergleichen
potřebný	notwendig
skoro	fast
spíš, spíše	eher, vielmehr

šetřit + *A*	sparen
úlovek	Fang, Beute
určitý	bestimmt
vybrat* (si), vyberu (si) *pf.* + *D, A*	(sich) aussuchen, auswählen
výrobek	Produkt
vztah	Beziehung, Verhältnis

Ještě že existuje internet.	Zum Glück gibt es das Internet.
Jsem spíš jako Daniela.	Ich bin eher wie Daniela.
Musím si dát pozor, aby…	Ich muss darauf achten, … zu …
No nekupte to!	So ein Schnäppchen! (wörtlich: Und das soll man nicht nicht kaufen?!)
To byl úlovek!	Das war ein Fang/Schnäppchen!

• ***Seite 8*** *(Track 49)*

bonbón	Praline
byznys	Geschäft, Business
cukrárna	Konditorei
dostat*, dostanu *pf.* + *A*	bekommen, erhalten
dostat chuť na + *A*	Lust bekommen
hořký	bitter
chuť	Lust, Appetit, Geschmack
jednou	einmal
kilogram, kilo	Kilogramm
kvalita	Qualität
mléčný	Milch- (+ Subst.)
preferovat + *A*	bevorzugen
průzkum	Untersuchung, Studie
ročně	jährlich (Adv.)
sladký	süß
sníst, sním *pf.* + *A*	essen
víckrát	mehrmals
vybírat (si) + *D, A*	(sich) aussuchen, auswählen
za + *A* (za měsíc)	in (in einem Monat)
zkonzumovat *pf.* + *A*	konsumieren
žádný	kein, keiner

Češi si vybírají čokoládu podle chuti.	Tschechen wählen Schokolade nach dem Geschmack aus.

• ***Seite 9*** *(Track 50)*

Afrika	Afrika
aktivita	Aktivität
Amerika	Amerika
Asie	Asien
certifikát	Zertifikat
časopis	Zeitschrift
dodržovat + *A*	einhalten
ekologický	ökologisch
extrémně	extrem (Adv.)
Fairtrade *(lies:* fértrejd*)*	Fairtrade, fairer Handel
fairtradový *(lies:* fértrejdový*)*	Fairtrade- (+ Subst.)
fér	fair
férový	fair
hlavní	Haupt- (+ Subst.)
jiný	anderer
jižní	südlich, Süd- (+ Subst.)
kakao	Kakao
kakaový	Kakao- (+ Subst.)
konkrétní	konkret, bestimmt
majitelka	Besitzerin, Eigentümerin
nabízet + *D, A*	anbieten, bieten
nesnášet + *A*	nicht vertragen/ertragen können
nízký	niedrig
obrovský	riesig
ochutnávka	Kostprobe
ostatní	andere, die anderen
otevírat + *A*	öffnen, aufmachen
pěstitel	Bauer, Erzeuger von landwirtschaftlichen pflanzlichen Produkten
pěstovat + *A*	anbauen
plán	Plan
plantáž	Plantage
podmínka	Bedingung
potravina	Lebensmittel
pravidlo	Regel
produkt	Produkt
přesně	genau (Adv.)
ptát se + *G* na + *A*	fragen
redaktorka	Redakteurin
respektovat + *A*	respektieren
sám	allein, selbst
sortiment	Sortiment
spravedlivý	gerecht
standard	Standard
stejně	gleich (Adv.), ebenso, sowieso
sušený	getrocknet, Trocken- (+ Subst.)
výborný	ausgezeichnet
vyrábět + *A*	herstellen, produzieren
zajímat + *N, A* (Zajímá mě…)	interessieren (Mich interessiert …)
zdarma, zadarmo	kostenlos, umsonst
zdravě	gesund (Adv.)
změnit *pf.* + *A*	verändern, wechseln
zúčastnit se *pf.* + *G*	teilnehmen
zvát*, zvu + *A*	einladen

Co to přesně znamená?	Was bedeutet das genau?
Nechcete se taky zúčastnit?	Möchten Sie nicht auch teilnehmen?
Zvu vás i vaše kolegy.	Ich lade Sie und Ihre Kollegen ein.

• ***Seite 10*** *(Track 51)*

areál	Areal, Gelände
aukce	Auktion, Versteigerung
aukční	Auktions- (+ Subst.)
aukční portál	Auktionsportal
běhat	laufen
dámský	Damen- (+ Subst.)
dětský	Kinder- (+ Subst.)
dostat slevu	einen Rabatt bekommen
doufat	hoffen
elektrický	elektrisch
GPS *(lies:* dží pí es*)*, džípieska *ugs.*	GPS
hračka	Spielzeug
inzerát	Anzeige, Kleinanzeige, Inserat

inzertní	Anzeigen- (+ Subst.)
inzertní portál	Anzeigenportal
kategorie	Kategorie
kolo	Fahrrad, Rad
kurz	Kurs
kytara	Gitarre
lyžařský	Ski- (+ Subst.)
lyže	Ski
nábytek	Möbel
nakupovat na inzerát	über eine Anzeige kaufen
naopak	umgekehrt, im Gegenteil
naučit se *pf.* + *A*	lernen
navigace	Navigation
nedávno	vor Kurzem
nově	neu (Adv.)
obývák	Wohnzimmer
pánský	Herren- (+ Subst.)
parfém	Parfüm
penzion	Pension, kleines Hotel
pneumatika	Reifen
pohodlný	bequem, gemütlich
portál	Portal
poštovné	Porto
pronajmout* si, pronajmu si *pf.* + *A*	mieten
půjčovat si + *A*	leihen
Rakousko	Österreich
rockový	Rock- (+ Subst.)
sedací souprava, sedačka *ugs.*	Sofagarnitur
shánět + *D, A (lies:* schánět, zhánět*)*	beschaffen, auftreiben
skupina	Gruppe, Musikgruppe, Band
skvělý	wundervoll, herrlich
Slovensko	Slowakei
slovník	Wörterbuch, Wortliste
sníh, sněhu *G Sg.*	Schnee
stěhovat se	umziehen
teniska	Turnschuh, Sneaker
těšit se na + *A*	sich freuen (auf)
užít* si, užiju si *pf.* + *A*	genießen
včetně + *G*	einschließlich, inklusive
vedle + *G*	neben
výhodně	günstig (Adv.)
zařídit *pf.* + *D, A*	einrichten, erledigen
zimní	Winter- (+ Subst.)

Koupili jste někdy něco výhodně?	Haben Sie schon einmal etwas günstig gekauft?

• ***Seite 11*** *(Track 52)*

hele *ugs.*	hey (Interjektion)
jahoda	Erdbeere
kobliha	Krapfen, Berliner, Pfannkuchen
máslo	Butter
neuvěřitelně	unglaublich (Adv.)
pár	ein paar
přece	doch, dennoch
rohlík	Hörnchen
stavit se	anhalten, vorbeikommen
tyčinka	Riegel (Schokoriegel, Müsliriegel)
vadit + *N, D*	stören, (etwas/nichts) ausmachen
vonět	duften, gut riechen
vzít* (si), vezmu (si) *pf.* + *D, A*	(sich) nehmen
zapomenout*, zapomenu *pf.* (na) + *A*	vergessen

Stavíme se v obchodě.	Wir schauen in dem Geschäft vorbei.
To nevadí.	Das macht nichts.
Zapomněl/a jsem koupit…	Ich habe vergessen, … zu kaufen.

• ***Ausgewählte unvollendete/vollendete Verben*** *(Track 53)*

bránit se/ubránit se	widerstehen, sich wehren
brát (si)/vzít (si)	(sich) nehmen
dávat (si) pozor/dát (si) pozor	Acht geben, aufpassen
dělat/udělat	machen, tun
dodržovat/dodržet	einhalten
doporučovat/doporučit	empfehlen
dostávat/dostat	bekommen, erhalten
jíst/sníst	essen
konzumovat/zkonzumovat	konsumieren
kupovat/koupit	kaufen
ladit/naladit	einstimmen, (gute) Laune machen
měnit/změnit	verändern, wechseln
nabízet/nabídnout	anbieten, bieten
nacházet/najít	finden
nakupovat/nakoupit	einkaufen, kaufen
nesnášet/nesnést	nicht vertragen/ertragen können
otevírat/otevřít	öffnen, aufmachen
ovlivňovat/ovlivnit	beeinflussen
pěstovat/vypěstovat	anbauen
pomáhat/pomoct	helfen
porovnávat/porovnat	vergleichen
používat/použít	benutzen, verwenden
pronajímat si/pronajmout si	mieten
přesvědčovat/přesvědčit	überzeugen
psát/napsat	schreiben
ptát se/zeptat se	fragen
půjčovat si/půjčit si	leihen
shánět *(lies:* schánět, zhánět*)*/sehnat	beschaffen, auftreiben
stavit se/stavovat se	anhalten, vorbeikommen
stěhovat se/přestěhovat se	umziehen
šetřit/ušetřit	sparen
trávit/strávit	verbringen
účastnit se/zúčastnit se	teilnehmen
učit se/naučit se	lernen
utrácet/utratit	(Geld) ausgeben
užívat si/užít si	genießen
všímat si/všimnout si	bemerken, merken
vybírat (si)/vybrat (si)	(sich) aussuchen, auswählen
vyrábět/vyrobit	herstellen, produzieren
využívat/využít	Gebrauch machen von, nutzen
zapomínat/zapomenout	vergessen
zařizovat/zařídit	einrichten, erledigen
zvát/pozvat	einladen

Anhang zu Lektion 9

9.1 Das Possessivpronomen svůj, svoje

Im Lehrbuch auf S. 14 sehen Sie:

Dneska půjdu nejdřív na poštu, chci svému francouzskému kamarádovi poslat balík s knihami. Heute gehe ich erst zur Post, ich möchte meinem französischen Freund ein Paket mit Büchern schicken.

Das Possessivpronomen svůj, svoje *wird in der Schriftsprache benutzt, wenn es sich auf die Person bezieht, die im Satz als Subjekt steht. Deshalb wird es auch als reflexives Possessivpronomen bezeichnet, z.B.:*
(já) Chci svému francouzskému kamarádovi poslat balík.
(ty) Chceš svému francouzskému kamarádovi poslat balík.
(on, ona) Chce svému francouzskému kamarádovi poslat balík. *usw.*
In der Alltagssprache wird das Possessivpronomen svůj, svoje *nicht so oft gebraucht, Sie können auch hören:* Chci mýmu francouzskýmu kamarádovi poslat balík.

Das Possessivpronomen svůj, svoje *wird wie* můj, moje *dekliniert (s. S. 83 a 84).*

9.2 Verkürzte Ausdrücke in der Alltagssprache (Univerbierung)

In der Alltagssprache hören Sie oft verkürzte Ein-Wort-Ausdrücke anstatt der offiziellen Ausdrücke mit zwei Wörtern, z.B.:
úřad práce > **pracák** Arbeitsamt
řidičský průkaz > **řidičák** Führerschein
živnostenské oprávnění > **živnosťák** Gewerbeschein

Auch die Bezeichnungen von Orten, Speisen oder Getränken werden in der Alltagssprache gern verkürzt, z.B.: Václavské náměstí > Václavák, Staroměstské náměstí > Staromák, Mendelovo náměstí > Mendlák, česneková polévka > česnečka, minerální voda > minerálka.

9.3 Deklination der Fragepronomen kdo a co. Deklination der Ma-, Mi- und N-Possessivpronomen und -Adjektive im Singular

Die Endungen der Fragepronomen kdo *und* co *entsprechen den Endungen der Ma-, Mi- und N-Possessivpronomen und -Adjektive im Singular (s. die unterstrichenen Formen). Wenn Sie die Deklination der Fragepronomen* kdo *und* co *auswendig lernen, hilft Ihnen das, auch die Endungen der Possessivpronomen und Adjektive zu memorieren.*

	Fragepronomen kdo, co	*Possessivpronomen*[1]	*ý-Adjektive*	*í-Adjektive*	*Substantive*
1. Nominativ	**kdo, co**	můj, náš moje, naše	nový nové	moderní moderní	doktor, obchod kino
2. Genitiv	**koho, čeho**	mého, našeho	nového	moderního	doktora, obchodu, kina
3. Dativ	**komu,čemu**	mému, našemu	novému	modernímu	doktorovi, obchodu, kinu
4. Akkusativ	**koho, co**	mého, našeho můj, náš moje, naše	nového nový nové	moderního moderní moderní	doktora obchod kino
6. Lokativ	**kom, čem**	mém, našem	novém	moderním	doktorovi, obchodě, kině
7. Instrumental	**kým, čím**	mým, naším	novým	moderním	studentem, obchodem, kinem

[1] *Die Possessivpronomen* tvůj *und* svůj *werden wie* můj *dekliniert, das Possessivpronomen* váš *wie* náš *und* její *wie das Adjektiv* moderní. *Die Possessivpronomen* jeho *und* jejich *werden nicht dekliniert, sie bleiben in allen Fällen und für alle Geschlechter gleich.*

Die Deklination der F-Possessivpronomen und -Adjektive finden Sie in der Deklinationstabelle auf S. 83.

9.4 Zeitangaben – Odkdy dokdy?

Im Lehrbuch auf S. 16 sehen Sie:

Ve středu jsou úřední hodiny od osmi do pěti. Am Mittwoch sind die amtlichen Sprechstunden von acht bis fünf.

Nach den Präpositionen od *und* do *steht der Genitiv. Vergleichen Sie:*

Nominativ	*Präpositionen* od/do + *Genitiv*
jedna	**jedné**
dvě	**dvou**
tři	**tří, třech**
čtyři	**čtyř, čtyřech**
pět	**pěti**
šest	**šesti**
sedm	**sedmi**
osm	**osmi**
devět	**devíti**
deset	**deseti, desíti**
jedenáct	**jedenácti**
dvanáct	**dvanácti**

■ *9.5 Zeitangaben* – Kdy? V kolik hodin?

Auf die Fragen kdy? wann? v kolik hodin? um wie viel Uhr? *kann man wie im Deutschen die Uhrzeit nach dem 12-Stundensystem angeben, z.B.:*

v jednu (hodinu) um eins (um ein Uhr)	**ve dvě/tři/čtyři (hodiny)** um zwei/drei/vier (Uhr)	**v pět/šest/sedm… (hodin)** um fünf/sechs/sieben … (Uhr)

Um Verwechslungen zu vermeiden und wenn nicht die volle Stunde angegeben wird, benutzt man das 24-Stundensystem, z.B.:

	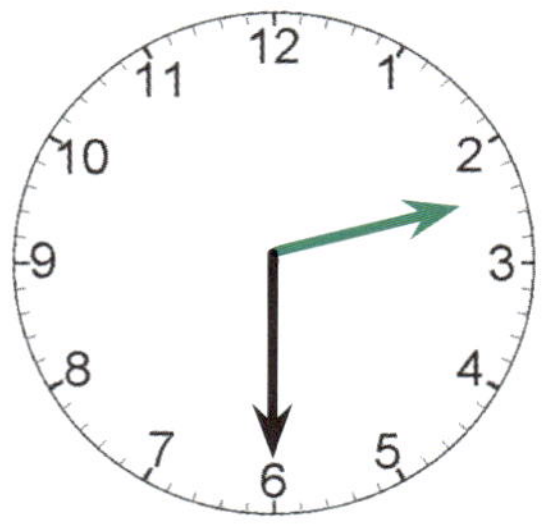	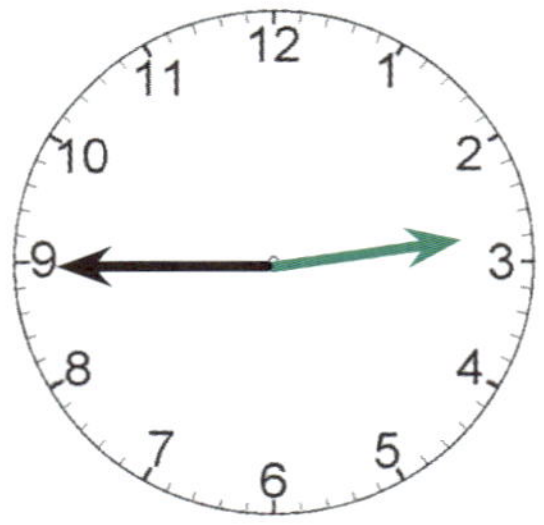
ve 14.15 – ve čtrnáct patnáct um 14.15 Uhr	**ve 14.30 – ve čtrnáct třicet** um 14.30 Uhr	**ve 14.45 – ve čtrnáct čtyřicet pět** um 14.45 Uhr

Weniger formell ist die Zeitangabe mit den Ausdrücken čtvrt Viertel, půl halb *und* tři čtvrtě Dreiviertel, *z.B.:*

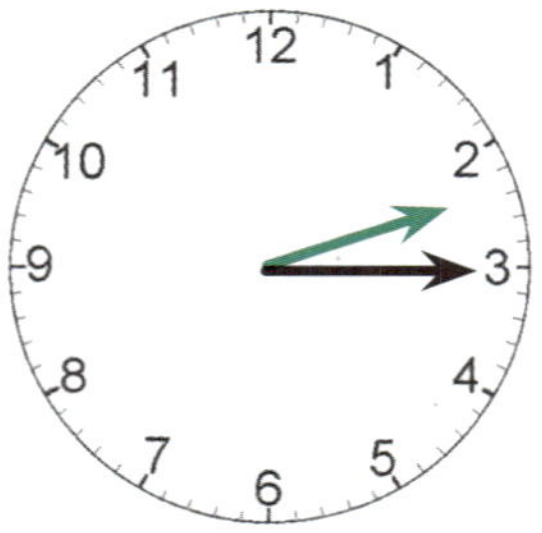	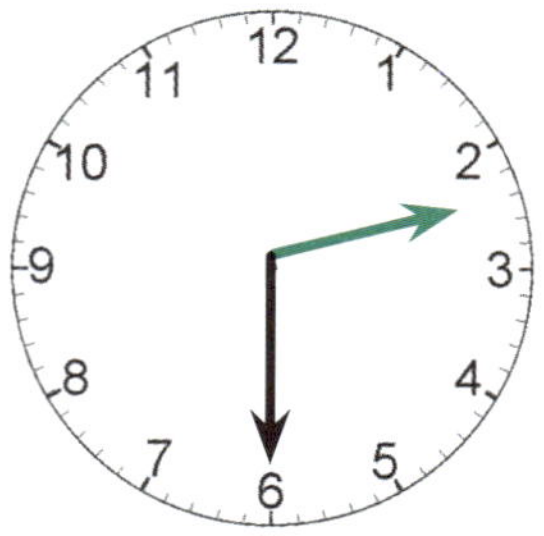	
ve čtvrt na tři um viertel drei (um Viertel nach zwei)	**v půl třetí** um halb drei	**ve tři čtvrtě na tři** um drei viertel drei (um Viertel vor drei)

Tschechischen bezieht man sich bei den Uhrzeitangaben immer auf die nächste volle Stunde.
Die Präposition na *steht hier mit dem Akkusativ, z.B.:* ve čtvrt/tři čtvrtě na jednu/dvě/tři/čtyři/pět…

Nach dem Wort půl *steht bei der Angabe der Uhrzeit eine Ordnungszahl*[1]*. Diese steht im Genitiv Singular, z.B.:* v půl druhé/třetí/čtvrté/páté/šesté/sedmé/osmé/deváté/desáté/jedenácté/dvanácté[2].

[1] *Vorsicht, es gibt eine Ausnahme:* ve 12.30 – v půl jedné *(nicht* v půl ~~první~~*)*
[2] *In der Alltagssprache hören Sie anstatt der Endung* -é *auch die Endung* -ý*, z.B.:* v půl druhý/čtvrtý/pátý/šestý/ … dvanáctý.

9.6 Imperativ

Im Lehrbuch auf S. 17 sehen Sie Imperative, z.B.:
Přečtěte si, co byste měli dělat. Lesen Sie, was Sie tun sollten.
Uklízejte si věci na určité místo a mějte v **nich pořádek.** Räumen Sie Ihre Sachen an einen bestimmten Platz und halten Sie Ordnung.
Dávejte věci na stejné místo. Legen Sie Ihre Sachen immer an denselben Platz.
Rozdělte si věci podle důležitosti – nejdůležitější věci dělejte hned. Ordnen Sie die Dinge nach ihrer Wichtigkeit – erledigen Sie die wichtigsten Dinge sofort.
Pokud chcete ušetřit čas, buďte na sebe přísnější – vypněte si na určitou dobu mobil. Wenn Sie Zeit sparen möchten, seien Sie strenger mit sich selbst – stellen Sie für einige Zeit das Handy ab.
Věnujte čas rodině a kamarádům. Widmen Sie Ihre Zeit der Familie und Ihren Freunden.

Imperative werden wie folgt gebildet:

1. Regelmäßige Formen
Zur Bildung des Imperativs brauchen Sie den Verbstamm. Diesen erhalten Sie, wenn Sie von der 3. Person Plural (oni) *die Endung* -ou, -í *bzw.* -ají *abtrennen. Dann gehen Sie wie folgt vor:*

a) Wenn der Verbstamm mit einem Konsonanten endet, hat die du-Form des Imperativs keine Endung (---) und die ihr/Sie-Form bekommt die Endung -te*:*

Infinitiv	*3. Person Plural*	*Imperativ (du-Form)*	*Imperativ (ihr/Sie-Form)*
	-~~ou~~, -~~í~~	---	**-te**
věnovat se sich widmen **rozdělit** einteilen	(oni) věnuj~~ou~~ se (oni) rozděl~~í~~	**věnuj se!** **rozděl!**	**věnujte se!** **rozdělte!**

Wenn der Verbstamm auf die Konsonanten d, t *oder* n *endet, kommt es zu einer Konsonantenänderung, z.B.:* vyhodit weg-/rauswerfen, (oni) vyho**dí** > vyho**ď**, vyho**ď**te; vrátit zurückgeben, (oni) vrá**tí** > vra**ť**, vra**ť**te; zapomenout vergessen, (oni) zapome**n**ou > zapome**ň**, zapome**ň**te.
Wenn die 3. Person Plural sowohl die Endung -í *als auch die Endung* -ejí *bzw.* -ějí *haben kann, wird der Imperativ von der Form mit* -ejí/-ějí *abgeleitet, z.B.:* uklízet aufräumen, saubermachen, (oni) uklízí/uklíz**ejí** > uklíz**ej**, uklíz**ej**te; rozumět verstehen, (oni) rozumí/rozumějí > rozuměj, rozumějte.

b) Wenn der Verbstamm mit zwei Konsonanten endet, hat die du-Form des Imperativs die Endung -i *und die ihr/Sie-Form bekommt die Endung* -ete/-ěte*:*

Infinitiv	*3. Person Plural*	*Imperativ (du-Form)*	*Imperativ (ihr/Sie-Form)*
	-~~ou~~, -~~í~~	**-i**	**-ete/-ěte**
přečíst lesen **vypnout** ausschalten **vymyslet** ausdenken	(oni) přečt~~ou~~ (oni) vypn~~ou~~ (oni) vymysl~~í~~	**přečti!** **vypni!** **vymysli!**	**přečtěte!** **vypněte!** **vymyslete!**

Wenn der zweite Konsonant am Ende des Verbstamms ein d, t, n, b, p, v, m *oder* f *ist, hat die ihr/Sie-Form nicht die Endung* -ete*, sondern* -ěte.
Beachten Sie: Wenn zwischen den Konsonanten ein silbenbildendes l *oder* r *steht, gilt Regel a), z.B.:* dodržet einhalten, (oni) dodrží > dodrž, dodržte, vyplnit ausfüllen, (oni) vyplní > vyplň, vyplňte.

c) Bei den a-Verben (Infinitiv endet auf -at *und die 3. Person Plural auf* -ají*) hat der Imperativ in der du-Form die Endung* -ej*, in der ihr/Sie-Form die Endung* -ejte.

Infinitiv	*3. Person Plural*	*Imperativ (du-Form)*	*Imperativ (ihr/Sie-Form)*
	-~~ají~~	**-ej**	**-ejte**
dělat machen **dávat** geben	(oni) děl~~ají~~ (oni) dáv~~ají~~	**dělej!** **dávej!**	**dělejte!** **dávejte!**

2. Unregelmäßige Formen
být sein: **buď! buďte!**
jíst essen: **jez! jezte!**
koupit kaufen: **kup! kupte!**
mít haben: **měj! mějte!**
nechat lassen: **nech!/nechte!** *(auch:* nechej!/nechejte!)
pomoct helfen: **pomoz! pomozte!**
sníst aufessen: **sněz! snězte!**
--- : **pojď! pojďte!** Komm! Kommen Sie! / Kommt!

Beachten Sie: Negative Imperative werden aus imperfektiven Verben gebildet, so als ob man ausdrücken wollte, dass der Auftrag länger andauern soll, z.B.:
vypínat/vypnout ausschalten: Vypni mobil! Schalte das Handy aus! × **Nevypínej** mobil! Schalte das Handy nicht aus!
volat/zavolat (an)rufen: Zavolej mi! Ruf mich an! × **Nevolej** mi! Ruf mich nicht an!

9.7 Dativ Plural

Im Lehrbuch auf S. 18 sehen Sie:
Dcera pořád volá nějakým kamarádkám nebo kolegyním, píše e-maily kolegům, radí klientům. Meine Tochter ruft immer irgendwelche Freundinnen oder Kolleginnen an, sie schreibt ihren Kollegen E-Mails und berät die Kunden.

In der folgenden Tabelle sehen Sie die Mustersubstantive im Dativ Plural:

Beispielsatz	*Pronomen[1]*			*Adjektive[2]*		*Substantive[3]*		
	kdo, co	ten, ta, to	můj, moje	*ý-Adjektive Adjektive mit der Endung -ý im Nom. Sg.*	*í-Adjektive Adjektive mit der Endung -í im Nom. Sg.*	*1. Deklinationsgruppe Ma/Mi-Substantive, die im Nom. Sg. auf einen Konsonanten ohne Häkchen enden, F mit der Endung -a und N mit der Endung -o*	*2. Deklinationsgruppe Substantive, die im Nom. Sg. auf einen Konsonanten mit Häkchen oder auf -e/-ě, -c, -j, -tel enden*	*3. Deklinationsgruppe Ma-Substantive, die im Nom. Sg. auf -a enden, F mit der Endung -st und N mit der Endung -í*
Telefonuju… Chodím k…	komu? čemu?	těm těm těm těm	mým mým mým mým	novým novým novým novým	moderním moderním moderním moderním	doktor**ům** obchod**ům** škol**ám** kin**ům**	lékař**ům** počítač**ům** restaurac**ím**, kancelář**ím** letišt**ím**	koleg**ům** --- místnost**em** nádraž**ím**

[1] *Ebenso wie die Demonstrativpronomen* ten, ta, to *werden auch die Pronomen* tento, tato, toto dieser, diese, dieses *und* tenhle, tahle, tohle dieser, diese, dieses *dekliniert, z.B. im Dativ Plural:* těm, těmto, těmhle.
[2] *In der traditionellen tschechischen Grammatikterminologie werden die ý-Adjektive als harte und die í-Adjektive als weiche Adjektive bezeichnet.*
[3] *In der traditionellen tschechischen Grammatikterminologie werden die Substantive der 1. Deklinationsgruppe als harte und die Substantive der 2. Deklinationsgruppe als weiche Substantive bezeichnet. Für die Substantive der 3. Deklinationsgruppe gibt es keine zusammenfassende Bezeichnung.*
Ma-Substantive, die auf -e *enden, z.B.* průvodce Reiseführer, *werden außer im Vokativ Singular nach dem Muster* lékař *dekliniert, z.B. im Dativ Plural:* průvodcům.
F-Substantive, die auf -el *oder* -ev *enden, z.B.* postel Bett *oder* láhev Flasche, *gehören zur 2. Deklinationsgruppe und werden nach dem Muster* kancelář *dekliniert, z.B. im Dativ Plural:* postelím, láhvím.
Einige F-Substantive, die auf einen Konsonanten enden, z.B. nemoc Krankheit, *können in der Deklination die Endungen der 2. Deklinationsgruppe (Mustersubstantiv* kancelář*) und auch der 3. Deklinationsgruppe (Mustersubstantiv* místnost*) haben, z.B. im Dativ Plural:* nemocím *und* nemocem.
N-Substantive, die auf -um *enden, z.B.* centrum Zentrum, *verlieren bei der Deklination die Endung* -um, *z.B. im Dativ Plural:* centrům.
N-Substantive, die auf -e/-ě *enden und Jungtiere bezeichnen, z.B.* kuře Hähnchen, štěně Welpe, kotě *Kätzchen, sowie die Substantive* zvíře Tier, prase Schwein, morče Meerschweinchen, rajče Tomate *haben eine besondere Deklination. Das Mustersubstantiv ist* kuře, *z.B. im Dativ Plural:* kuřatům.

Beachten Sie:
Bei einigen Substantiven kommt es bei den deklinierten Formen zu einer Änderung im Wortstamm: Das mobile -e- fällt weg oder es gibt den Vokalwechsel ů > o, *z.B. im Dativ Plural:* pes > psům, dům > domům.
Einige Substantive haben unregelmäßige Formen, z.B. im Dativ Plural: oko > očím, ucho > uším, dítě > dětem, člověk > lidem, peníze > penězům.

Merken Sie sich folgende häufig gebrauchte Verben, die mit dem Dativ stehen:
pomáhat/pomoct* helfen
radit/poradit raten, beraten
stěžovat si/postěžovat si sich beschweren (bei jmdm.)
volat/zavolat anrufen
psát*/napsat* schreiben
říkat/říct* sagen
telefonovat/zatelefonovat anrufen
vyprávět erzählen

Die Deklinationstabelle mit allen Pluralformen finden Sie auf S. 84.

9.8 Wichtige Ämter und Institutionen

Ministerstvo vnitra České republiky Innenministerium der Tschechischen Republik
Informationen für Ausländer:
http://www.mvcr.cz/clanek/sluzby-pro-verejnost-informace-pro-cizince-informace-pro-cizince.aspx.
*An eine Dienststelle des Innenministeriums, Abteilung Asyl- und Migrationspolitik (*Pracoviště Ministerstva vnitra, Odbor azylové a migrační politiky*), wendet man sich z.B., wenn man ein Visum für die Tschechische Republik für mehr als 90 Tage braucht, wenn man einen langfristigen oder Daueraufenthalt beantragen oder seinen langfristigen Aufenthalt verlängern möchte.*

Služba cizinecké policie Dienststelle der Ausländerpolizei
Informationen zur Aufenthaltserlaubnis von Ausländern:
http://www.policie.cz/clanek/informace-pro-pobyt-cizincu.aspx.
Bei einer Dienststelle der Ausländerpolizei muss man sich nach der Ankunft in der Tschechischen Republik anmelden. Hier kann man auch die Aufenthaltserlaubnis verlängern und ein Visum für einen kurzfristigen Aufenthalt beantragen sowie eine Bescheinigung über seinen kurzfristigen Aufenthalt bekommen.

Městské úřady (magistráty) nebo obecní úřady Stadtämter oder Gemeindeämter *(in größeren Städten heißen sie* „Magistrate")
https://www.statnisprava.cz/rstsp/ciselniky.nsf/i/d0055.
Auf Stadtämtern und Magistraten beantragt man z.B. seinen Führerschein bzw. die Ausstellung eines neuen Führerscheins sowie die Ausstellung von Reisepässen und Personalausweisen. Hier werden auch Eheschließungen und die Geburten angemeldet.

Živnostenské úřady (odbory) Gewerbeämter (Dienststellen)
https://www.statnisprava.cz/rstsp/ciselniky.nsf/i/d0056.
Die Gewerbeämter unterstehen den Stadtämtern bzw. Magistraten. Hier kann man einen Gewerbeschein beantragen, auf Tschechisch: živnostenské oprávnění Berechtigung zum Betreiben eines Gewerbes, *d.h. die Berechtigung, in der Tschechischen Republik ein Geschäft, eine Handwerks-, Handels- oder andere Firma zu führen bzw. freiberuflich zu arbeiten. Zur Beantragung eines Gewerbescheins muss man ein Formular ausfüllen, auf Tschechisch:* jednotný registrační formulář einheitliches Registrierungsformular (https://www.mpo.cz/cz/podnikani/zivnostenske-podnikani/crm-jednotny-registracni-formular/jednotny-registracni-formular--159758/).

Finanční úřady Finanzämter
http://www.financnisprava.cz/cs/financni-sprava/organy-financni-spravy/financni-urady.
Wenn man in der Tschechischen Republik einen Gewerbeschein hat, muss man sich auch beim Finanzamt registrieren lassen. Dort werden alle Steuern gezahlt, auf Tschechisch: daně, *z.B. Einkommenssteuer, Immobiliensteuer, Mehrwertsteuer (*DPH MwSt.*).*

Úřady práce Arbeitsämter
https://portal.mpsv.cz/upcr/kp.
Auf einem Arbeitsamt kann man staatliche Sozialleistungen (z.B. Kindergeld, Wohngeld, Elterngeld), Arbeitslosenunterstützung, Leistungen für Personen mit Behinderungen, Leistungen für Personen in materieller Notlage u. Ä. beantragen.

Zdravotní pojišťovny Krankenversicherungen
https://www.mzcr.cz/dokumenty/zdravotni-pojistovny_945_839_1.html.
Alle Personen, die in der Tschechischen Republik leben, müssen eine Krankenversicherung abgeschlossen haben, auf Tschechisch: zdravotní pojištění. *Am tschechischen öffentlichen Krankenversicherungssystem können außer tschechischen Staatsbürgern folgende Personen teilhaben: Bürger aus der EU, ausländische Angestellte von Firmen mit Sitz in der Tschechischen Republik, Ausländer mit Daueraufenthalt in der Tschechischen Republik, Asylbewerber, Ausländer mit zuerkanntem Schutzstatus oder Kinder von Ausländern, die Daueraufenthalt in der Tschechischen Republik haben. Alle anderen müssen eine private Krankenversicherung abschließen.*

9.9 Traditionen, Bräuche und Konventionen

Entschuldigungen
In Tschechien wird die Uhrzeit von verabredeten Treffen normalerweise eingehalten. Wenn Sie nicht rechtzeitig kommen können oder 10 bis 15 Minuten später kommen, wird eine Entschuldigung erwartet. Bei beruflichen und anderen formellen Terminen entschuldigt man sich auch, wenn man nur wenige Minuten später kommt. Je nach Situation können Sie folgende Entschuldigungen benutzen:
Promiňte, že jdu pozdě. Entschuldigen Sie, dass ich zu spät komme.
Promiňte, přijdu asi o 10 minut později. Entschuldigen Sie, ich komme etwa 10 Minuten später.
Promiňte, jsem na cestě, mám zpoždění asi 10 minut. Entschuldigen Sie, ich bin noch unterwegs, ich komme etwa 10 Minuten später.
Omlouvám se, ale nestihnu přijít včas. Ich entschuldige mich, aber ich schaffe es nicht, rechtzeitig zu kommen.
Moc se omlouvám, ale dneska nemůžu přijít. Ich entschuldige mich sehr, aber ich kann heute nicht kommen.

Die häufigsten Gründe bei Entschuldigungen:
Zaspal/a jsem. Ich habe verschlafen.
Ujel mi autobus. Ich habe den Bus verpasst.
Stojím v koloně./Je tady zácpa./*ugs.* **Je to tady zacpaný.** Ich stehe im Stau. / Hier ist Stau.

Wortschatz zu Lektion 9

Die Aufnahmen zum Wortschatz der Lektion 9 finden Sie online unter www.czechstepbystep.cz, Track 54–60.

• ***Seite 14*** *(Track 54)*

balík	Paket
cizinec	Ausländer
čekat	warten
dlouhodobý	langfristig
dlouhodobý pobyt	langfristiger Aufenthalt
dnešní	heutig
důchodce	Rentner
francouzský	französisch
hlídání	Kinderbetreuung, Babysitter
instituce	Institution
kluk	Junge
komplikace	Komplikation
magistrát	Stadtverwaltung, Magistrat
městský úřad	Stadtamt, Ortsamt
ministerstvo	Ministerium
Ministerstvo vnitra	Innenministerium
mít hlídání	Kinderbetreuung / einen Babysitter haben
mít platnost	gültig sein
odkdy	von/seit/ab wann
oprávnění	Berechtigung
platnost	Gültigkeit
pobyt	Aufenthalt, Wohnsitz
podnikat	selbstständig/freiberuflich arbeiten, eine Firma haben
podnikatelský	Firmen- (+ Subst.)
podnikatelský účet	Firmenkonto
pojištění	Versicherung
pojišťovna	Versicherung (Institution)
poslat*, pošlu *pf.* + *D, A*	schicken
poslední	der/die/das letzte
potvrzení	Bestätigung
povolení	Erlaubnis
pracoviště	Arbeitsplatz
prodloužit (si) *pf.* + *D, A*	verlängern
průkaz	Ausweis
přednáška	Vorlesung, Vortrag
předtím	vorher
rodičovská dovolená	Elternzeit
řidičský průkaz, řidičák *ugs.*	Führerschein
řídit + *A*	fahren (ein Fahrzeug führen)
snad	hoffentlich, vielleicht
stihnout*, stihnu *pf.* + *A*	schaffen, erreichen
školka *ugs.*	Kindergarten
takže	sodass
tedy	dennoch, daher, also
tenhle	dieser, diesen
trávit + *A*	verbringen
trvalý pobyt	Daueraufenthalt
účet	Konto
úřad	Amt
úřad práce, pracák *ugs.*	Arbeitsamt
v poslední době	in der letzten Zeit
většina	der/die/das meiste
volno	freie Zeit, frei (Adv.)
všechno	alles
vyjít*, vyjdu *pf.* (Vyjde to.)	hinkommen (Das klappt.)
vyměnit *pf.* + *A*	auswechseln, umtauschen
vyřídit (si) *pf.* + *D, A*	erledigen, besorgen
začít*, začnu *pf.*	anfangen
zahrádka	Garten
zajít*, zajdu *pf.*	gehen (zu)
založit (si) *pf.* + *D, A*	gründen, (ein Konto) eröffnen
zapsat*, zapíšu *pf.* + *A*	einschreiben, registrieren
zařídit (si) *pf.* + *D, A*	einrichten, erledigen
zdravotní	Gesundheits- (+ Subst.)
zdravotní pojišťovna	Krankenversicherung (Institution)
zjistit *pf.* + *A*	herausfinden, feststellen
znovu, znova	wieder, noch mal
žádat o + *A*	beantragen, fordern, bitten
živnostenské oprávnění, živnosťák *ugs.*	Gewerbeschein
živnostenský úřad	Gewerbeamt

Doufám, že to vyjde.	Ich hoffe, dass es klappt.
Prodloužil/a jsem si dlouhodobý pobyt, trvalý pobyt…	Ich habe meinen langfristigen Aufenthalt, meinen Daueraufenthalt, … verlängert.
Vyměnil/a jsem si řidičský průkaz.	Ich habe meinen Führerschein umgetauscht.
Založil/a jsem si podnikatelský účet.	Ich habe ein Firmenkonto eröffnet.
Zařídila/a (vyřídil/a) jsem si zdravotní pojištění, živnostenské oprávnění, řidičský průkaz, potvrzení, …	Ich habe mir eine Krankenversicherung, den Gewerbeschein, den Führerschein, eine Bestätigung, … besorgt.

• ***Seite 15*** *(Track 55)*

bankovní	Bank- (+Subst.)
bez + *G*	ohne
obecní	Gemeinde- (+ Subst.)
obecní úřad	Gemeindeamt
úředník	Angestellter auf einem Amt, Büroangestellter
zdravotní pojištění	Krankenversicherung
zeptat se *pf.* + *G* na + *A*	fragen

• ***Seite 16*** *(Track 56)*

bohatý	reich
cizinecká policie	Ausländerpolizei
čtvrt	viertel, Viertel
dokdy	bis wann
euro	Euro
formulář	Formular
hodit se + *N, D* (Hodí se vám termín…?)	passen (Passt Ihnen/euch der Termin ...?)
hotový	fertig
klient	Kunde, Klient
občanský	bürgerlich, Bürger- (+ Subst.)
občanský průkaz	Personalausweis
objednat (se) *pf.* + *A*	einen Termin vereinbaren

otevřeno	geöffnet
otevřít*, otevřu *pf.* + *A*	öffnen, aufmachen
podepsat*, podepíšu *pf.* + *A*	unterschreiben
půl	halb
termín	Termin
tři čtvrtě	drei viertel
úřední	Amts- (+ Subst.)
úřední hodiny	Sprechzeiten
vyplnit *pf.* + *A*	ausfüllen
žít*, žiju	leben
Hodí se vám termín…?	Passt Ihnen/euch der Termin …?
Chtěl/a bych vyměnit koruny za eura.	Ich möchte gern Kronen in Euro umtauschen.
Já bych se chtěl objednat.	Ich brauche einen Termin.
Já jsem se objednal dneska na půl třetí.	Ich habe heute um halb drei einen Termin.
Jaké máte zítra úřední hodiny?	Wann haben Sie morgen Sprechzeiten?
Kdy mají otevřeno?	Wann haben sie geöffnet?
Kdy to bude hotové?	Wann ist das fertig?
Odkdy dokdy tam můžu jít?	Von wann bis wann kann ich dahin gehen?
Tady mi to, prosím, podepište.	Bitte unterschreiben mir Sie das hier.
Takže, prosím, váš občanský průkaz.	Dann also Ihren Personalausweis bitte.

• ***Seite 17*** *(Track 57)*

brýle *nur Pl.*	Brille
čas od času	von Zeit zu Zeit
čtení	Lesen, Lektüre
denně	täglich
dívání se	Schauen, Anschauen
dívat se na + *A*	schauen, anschauen
dodržet *pf.* + *A*	einhalten
dodržet termín	einen/den Termin einhalten
domluvit (si) *pf.* + *D, A*	verabreden, absprechen
domluvit si schůzku	ein Treffen / einen Termin vereinbaren
doporučení	Empfehlung
držet se + *G*	sich halten (an)
držet se pravidla	sich an die Regel(n) halten
důležitost	Wichtigkeit
důležitý	wichtig
efektivně	effektiv (Adv.)
hledání	Suchen, Suche
hned	sofort
hra	Spiel
hraní	Spielen, Spiel
klíč	Schlüssel
kontrolovat + *A*	kontrollieren, prüfen, checken
mimopracovní	außerhalb der Arbeit (Adj.)
mimopracovní konverzace	Kommunikation außerhalb der Arbeit
místo	Ort, Stelle, Platz
mít pořádek	Ordnung halten/haben
nechat si + *A*	behalten
odkládat + *A*	verschieben, aufschieben
odměnit *pf.* + *A*	belohnen
omezit *pf.* + *A*	einschränken
orientovat se	sich orientieren
pevné místo	ein fester Ort
pevný	fest
pocit	Gefühl
pokud	falls, wenn
pořad	Sendung (im Fernsehen/Radio)
pořádek	Ordnung
povídání	Unterhalten, Unterhaltung (Gespräch)
povídat si	sich unterhalten
pracovní doba	Arbeitszeit
pravidelně	regelmäßig (Adv.)
přemýšlet o + *L*	nachdenken
příliš	zu (+ Adj.), zu viel, zu sehr
přísný	streng
přitom	dabei, zugleich
rozdělit (si) *pf.* + *D, A*	einteilen, ordnen
scházet se	sich treffen
schůzka	Treffen, Termin
síť	Netz, Netzwerk
smět	dürfen
snídaně	Frühstück
sociální síť	Soziales Netzwerk
správně	richtig, korrekt (Adv.)
stejný	gleich
stíhat + *A*	schaffen, erreichen
surfování *(lies:* serfování*)*	Surfen
tablet	Tablet
televizní	Fernseh- (+ Subst.)
utíkat	(weg)rennen, laufen
večeře	Abendessen
věnovat + *D, A*	widmen
však	aber, jedoch
vyhodit *pf.* + *A*	wegwerfen, rauswerfen
vypínat (si) + *D, A*	ausschalten
vypnout*, vypnu (si) *pf.* + *D, A*	ausschalten
vyřizování	Erledigen, Erledigung
začínat + *A*	anfangen
zapínat + *A*	einschalten
zorganizovat *pf.* + *A*	organisieren
ztrácet + *A*	verlieren
Mám pocit, že mám málo času.	Ich habe das Gefühl, dass ich (zu) wenig Zeit habe.
Víte, jak můžete ušetřit čas?	Wissen Sie, wie Sie Zeit sparen können?

• ***Seite 18*** *(Track 58)*

biologie	Biologie
karate	Karate
klientka	Kundin, Klientin
koníček	Hobby
málokdy	selten
návštěva	Besuch
pilný	fleißig
pokoj	Zimmer
pomáhat + *D*	helfen
potkat *pf.* + *A*	treffen

potkat se *pf.* s + *I*	sich treffen
pracovní stůl	Schreibtisch
přijít*, přijdu *pf.*	kommen (zu Fuß)
radit + *D, A*	raten, beraten
rodič	Elternteil
říct*, řeknu *pf.* + *D, A*	sagen
říkat + *D, A*	sagen
sourozenec	Geschwisterteil
soused, sousedka	Nachbar, Nachbarin
spolužák, spolužačka	Klassenkamerad, Klassenkameradin
stěžovat si na + *A*	sich beschweren
tolik	so viel, so viele
trochu	ein bisschen
uklízečka	Reinigungskraft, Putzhilfe
úkol	Aufgabe
včas	rechtzeitig
vtip	Witz
vymlouvat se	sich herausreden
vyprávět, vypravovat + *D, A*	erzählen

Matka si stěžuje na syna, protože nic nestíhá.	Die Mutter beschwert sich über ihren Sohn, weil er nichts schafft.

• ***Seite 19*** *(Track 59)*

finanční	finanziell, Finanz- (+ Subst.)
finanční úřad	Finanzamt
kopie	Kopie
navíc	zusätzlich, außerdem
oddělení	Abteilung
otevírací, otvírací	Öffnungs- (+ Subst.)
otevírací doba	Öffnungszeit(en)
personální	Personal- (+ Subst.)
personální oddělení	Personalabteilung
razítko	Stempel
registr	Register
smlouva	Vertrag
strašný	schrecklich
uf	uff (Interjektion)
veřejnost	Öffentlichkeit
vyplněný	ausgefüllt
zaměstnavatel	Arbeitgeber
zase	wieder, noch mal

Potřebuju něco vyřídit na úřadě.	Ich muss etwas auf einem/dem Amt erledigen.
Půjdu radši na trénink.	Ich gehe lieber zum Training.
Tady to podepište a je to.	Unterschreiben Sie das hier und es ist erledigt.
Tohle máte špatně vyplněné.	Das ist falsch ausgefüllt.

• ***Ausgewählte unvollendete/vollendete Verben*** *(Track 60)*

čekat/počkat	warten
dívat se/podívat se	schauen, anschauen
dodržovat/dodržet	einhalten
domlouvat (si)/domluvit (si)	verabreden, absprechen
kontrolovat/zkontrolovat	kontrollieren, prüfen, checken
měnit/vyměnit	auswechseln, umtauschen
nechat si/nechávat si	behalten
objednávat (se)/objednat (se)	einen Termin vereinbaren
odkládat/odložit	verschieben, aufschieben
odměňovat/odměnit	belohnen
omezovat/omezit	einschränken
organizovat/zorganizovat	organisieren
orientovat se/zorientovat se	sich orientieren
podepisovat/podepsat	unterschreiben
pomáhat/pomoct	helfen
posílat/poslat	schicken
potkávat/potkat	treffen
povídat si/popovídat si	sich unterhalten
prodlužovat (si)/prodloužit (si)	verlängern
přicházet/přijít	kommen (zu Fuß)
ptát se/zeptat se	fragen
radit/poradit	raten, beraten
rozdělovat (si)/rozdělit (si)	einteilen, ordnen
říkat/říct	sagen
scházet se/sejít se	sich treffen
stěžovat si/postěžovat si	sich beschweren
stíhat/stihnout	schaffen, erreichen
trávit/strávit	verbringen
utíkat/utéct	(weg)rennen, laufen
vyhazovat/vyhodit	wegwerfen, rauswerfen
vycházet/vyjít	hinkommen
vymlouvat se/vymluvil se	sich herausreden
vypínat (si)/vypnout (si)	ausschalten
vyplňovat/vyplnit	ausfüllen
vyřizovat/vyřídit (si)	erledigen, besorgen
začínat/začít	anfangen
zakládat (si)/založit (si)	gründen, (ein Konto) eröffnen
zapínat/zapnout	einschalten
zapisovat/zapsat	einschreiben, registrieren
zařizovat (si)/zařídit (si)	einrichten, erledigen
zjišťovat/zjistit	herausfinden, feststellen
ztrácet/ztratit	verlieren
žádat/požádat	beantragen, fordern, bitten

Anhang zu Lektion 10

10.1 Positive und negative Steigerung von Adjektiven

Adjektive können wie im Deutschen gesteigert werden, z.B. das Adjektiv prestižní: **prestižní** etwas hat Prestige, **prestižnější** etwas hat mehr Prestige, **nejprestižnější**, etwas hat am meisten Prestige. *Bei einigen Adjektiven kann man den Komparativ und den Superlativ auch mithilfe der Adverbien* víc/více *und* nejvíc/nejvíce + *Grundform des Adjektivs ausdrücken, z.B.:* více prestižní = prestižnější, nejvíce prestižní = nejprestižnější. *Bei der negativen Steigerung, d.h. wenn etwas/jemand von einer Eigenschaft weniger bzw. am wenigsten hat, werden die Adverbien* míň/méně *und* nejmíň/nejméně *mit dem Adjektiv in der Grundform benutzt, z.B.:* **méně prestižní** etwas hat weniger Prestige, **nejméně prestižní** etwas hat am wenigsten Prestige.

Die Formen víc, nejvíc *und* míň, nejmíň *sind weniger formell, während die Formen* více, nejvíce *und* méně, nejméně *in formelleren Situationen benutzt werden.*

10.2 Nominativ Plural von Ma-Substantiven (Maskulina animata = belebte maskuline Substantive)

Im Lehrbuch auf S. 22 sehen Sie Ma-Substantive im Nominativ Plural. Die meisten Ma-Substantive haben im Nominativ Plural die Endung -i, *einige haben aber auch die Endung* -é *oder* -ové. *Die Regeln zur Pluralbildung sehen Sie in dieser Tabelle:*

	Nominativ Singular > Nominativ Plural	*Endungen*
1. Die meisten Ma-Substantive	doktor > dokto**ři**[1], lékař > léka**ři**	**-i**[1]
2. Ma-Substantive, die auf -tel[2] *enden*	učitel > učitel**é**	**-é**[2]
3. Ma-Substantive, die aus anderen Sprachen übernommen wurden und deren letzter Konsonant ein f, g, l *oder* m *ist, sowie einige kurze Ma-Substantive*	kolega > koleg**ové**, fotograf > fotograf**ové**, Rus > Rus**ové**	**-ové**

[1] *Wenn Ma-Substantive auf* h, ch, k, r, d, t, n *oder* g *enden, kommt es im Nominativ Plural zu einer Konsonantenänderung (Palatalisierung), z.B.:* doktor > doktoři, Čech > Češi, úředník > úředníci, student > studenti [studenťi]. *Einige Ma-Substantive können im Nominativ Plural neben der Endung* -i *auch die Endung* -é *bzw.* -ové *haben, z.B.:* Američani/Američané, policisti/policisté, páni/pánové. *Bei diesen Nomen sind die Pluralformen mit der Endung* -i *typisch für die Alltagssprache.*
[2] *Einige Ma-Substantive, die auf* -el/-ěl *enden, haben im Nominativ Plural auch die Endung* -é, *z.B.:* manžel > manželé, Španěl > Španělé.

Bei einigen Ma-Substantiven kommt es im Plural zu einer Änderung im Wortstamm, z.B.: vědec > vědci. *Beachten Sie die Ausnahme:* člověk > lidé, *ugs.* lidi.

Eine Tabelle mit allen Mustersubstantiven im Nominativ Plural finden Sie unter Punkt 11.8.1. Die Deklinationstabelle mit allen Pluralformen finden Sie auf S. 84.

10.3 Akkusativ Plural von Ma-Substantiven (Maskulina animata = belebte maskuline Substantive)

Im Lehrbuch auf S. 22 sehen Sie Ma-Substantive im Akkusativ Plural. Sie haben die Endung -y *oder* -e. *Die Regeln zur Bildung des Akkusativ Plurals sehen Sie in dieser Tabelle:*

	Nominativ Singular > Akkusativ Plural	*Endungen*
1. Die meisten Ma-Substantive (einschließlich der aus anderen Sprachen übernommenen Ma-Substantive, deren letzter Konsonant ein f, g, l *oder* m *ist, sowie der kurzen Ma-Substantive)*	doktor > dokto**ry**, fotograf > fotogra**fy**, Rus > Rus**y**, kolega > koleg**y**	**-y**
2. Ma-Substantive, die auf einen Konsonanten mit Häkchen oder auf die Konsonanten -c, -j,-tel *oder* -e *enden*	lékař > léka**ře**, učitel > učitel**e**	**-e**

Bei einigen Ma-Substantiven kommt es im Plural zu einer Änderung im Wortstamm, z.B.: vědec > vědce. *Beachten Sie die Ausnahme:* člověk > lidi.

Eine Tabelle mit allen Mustersubstantiven im Akkusativ Plural finden Sie unter Punkt 11.8.2. Die Deklinationstabelle mit allen Pluralformen finden Sie auf S. 84.

Vergleichen Sie den Gebrauch von Nominativ und Akkusativ:
V nemocnici pracují <u>lékaři</u>/<u>doktoři</u>. *(= Nominativ Plural)* Im Krankenhaus arbeiten Ärzte.
×
V nemocnici jsem viděl <u>lékaře</u>/<u>doktory</u>. *(= Akkusativ Plural)* Im Krankenhaus habe ich Ärzte gesehen.

Im medizinischen Kontext ist der Begriff lékař *formeller als* doktor. *Der Begriff* doktor *wird nicht nur als akademischer Titel der Medizin benutzt, sondern auch in anderen Fachbereichen, z.B. Doktor der Philosophie.*

10.4 Imperfektiver und perfektiver Aspekt bei Verben

Im Lehrbuch auf S. 24 sehen Sie:
Jenny Nowak už jako holka psala básně. Jenny Nowak hat schon als Mädchen Gedichte geschrieben.
Jenny Nowak napsala už patnáct romantických hororových příběhů. Jenny Nowak hat schon fünfzehn romantische Horrorgeschichten geschrieben.
Martin Staszko dřív hrál šachy, ve kterých také často vyhrával. Martin Staszko hat früher Schach gespielt und dabei oft gewonnen.
Na mistrovství světa v Las Vegas skončil na druhém místě a vyhrál 5 400 000 dolarů. Bei der Weltmeisterschaft in Las Vegas landete er auf dem zweiten Platz und hat 5 400 000 Dollar gewonnen.
Die meisten tschechischen Verben „leben in Paaren"[1]*, d.h. sie haben eine imperfektive (unvollendete) und eine perfektive (vollendete) Aspektform, z.B.* psát/napsat, vyhrávat/vyhrát. *Es handelt sich um zwei verschiedene Aspekte eines Verbs, den unvollendeten und den vollendeten Aspekt (auf Tschechisch* imperfektivní/perfektivní aspekt *oder* nedokonavý/dokonavý vid*). Was ist der Unterschied zwischen diesen beiden Aspektformen?*

Imperfektive (unvollendete) Verben beschreiben den Verlauf einer Handlung. Im Fokus steht die Handlung selbst, nicht das Ergebnis. Man kann sich das so vorstellen, als ob eine Kamera die Handlung filmt. Diese Verben drücken eine unbegrenzte, unvollendete oder eine sich wiederholende Handlung aus, z.B.: Jenny psala básně. Martin dřív hrál šachy, ve kterých také často vyhrával.
Imperfektive Verben werden häufig mit den Ausdrücken dlouho lange, celý večer/den/týden/měsíc/rok den ganzen Abend/Tag / die ganze Woche / den ganzen Monat / das ganze Jahr, pořád immer (die ganze Zeit), přitom zugleich (gleichzeitig) *und mit Ausdrücken benutzt, die eine Zeitdauer ausdrücken, z.B.:* několik hodin mehrere Stunden, tři dny drei Tage, dva roky zwei Jahre.

Perfektive (vollendete) Verben beschreiben das Ergebnis einer Handlung oder einen bestimmten Zeitpunkt der Handlung. Im Fokus steht das Ergebnis. Man kann sich das so vorstellen, als ob das Ergebnis bzw. ein Moment auf einem Foto festgehalten wird. Perfektive Verben werden häufig benutzt, wenn ein konkretes Ergebnis beschrieben wird, z.B.: Jenny napsala patnáct hororových příběhů. Martin vyhrál 5 400 000 dolarů.

Beachten Sie:
Mit imperfektiven Verben kann man Handlungen und Zustände in der Vergangenheit, der Gegenwart und der Zukunft ausdrücken, während man mit perfektiven Verben nur Handlungen in der Zukunft oder der Vergangenheit beschreiben kann. Das liegt daran, dass das Ergebnis einer Handlung nicht in der Gegenwart beschrieben werden kann. Die Formen der perfektiven Verben, die wie Präsens aussehen, z.B. napíšu, vyhraju, *drücken also nicht die Gegenwart aus, sondern das zukünftige bzw. geplante Ergebnis einer Handlung.*
Wir empfehlen Ihnen, immer beide Aspektformen eines Verbs, z.B. dělat/udělat, kupovat/koupit, psát/napsat, *zu lernen, und zwar immer in der Reihenfolge imperfektives/perfektives Verb. So können Sie sich besser merken, welche Form welche ist.*

[1] *Einige Verben haben keine perfektive Aspektform, d.h. sie existieren nur in der imperfektiven (unvollendeten) Aspektform. Das sind z.B. Verben, die einen Zustand ausdrücken, z.B.* být, spát, stát *oder Modalverben, z.B.* chtít, moct, muset. *Zu den imperfektiven Verben werden auch die „langen" und „kurzen" Bewegungsverben gezählt, z.B.* chodit – jít, jezdit – jet, létat – letět.

10.5 Kolega, kolegyně, kolegové

Das Substantiv kolega Kollege *ist ein Ma-Substantiv (Maskulinum animatum/belebt). In der Deklinationstabelle ist es als Mustersubstantiv für Ma-Substantive aufgeführt, die auf -a enden. Die Deklination dieser Substantive ist im Singular eine Kombination aus der Deklination der Mustersubstantive* doktor *(Dativ und Lokativ Sg.) und* škola *(Nominativ, Genitiv, Akkusativ, Vokativ a Instrumental Sg.), s. S. 83*
Das Substantiv kolegyně Kollegin *ist ein F-Substantiv (Femininum), das wie das Mustersubstantiv* restaurace *dekliniert wird. Die Pluralform* kolegové Kollegen *ist der Nominativ Plural von* kolega.

Beachten Sie, dass die männlichen Pluralformen kolegové, studenti, lékaři *usw. nicht nur eine Gruppe von männlichen Personen, sondern auch eine Gruppe von Männern und Frauen bezeichnen. Das ist das sog. generische Maskulinum, das bei Personengruppen beide Geschlechter miteinschließt. Zum Beispiel lesen Sie in der Zeitung:* Na letní školu přijeli zahraniční studenti *(nicht* studenti a studentky*).* Zur Sommerschule sind ausländische Studenten angereist. *Für die direkte Anrede, z.B. bei einem Vortrag, werden allerdings meistens beide Formen benutzt:* Vážené kolegyně a vážení kolegové! Verehrte Kolleginnen und Kollegen! Dámy a pánové! Meine Damen und Herren!

10.6 In der Alltagssprache über die Arbeit sprechen

Wenn Sie mit Kollegen oder Freunden über die Arbeit sprechen, können Sie Ausdrücke aus der Alltagssprache oder einem Dialekt hören. Einige dieser Ausdrücke hören Sie in dem Dialog im Lehrbuch auf S. 25.
Vergleichen Sie:
Kde teď pracuješ? – **Kde teď děláš?** Wo arbeitest du jetzt?
Pracoval jsem v grafickém studiu. – **Dělal jsem** v **grafickém studiu.** Ich habe in einem Grafikdesign-Studio gearbeitet.
propustit několik lidí – **vyhodit pár lidí** einige Leute entlassen – rausschmeißen
kancelář, v kanceláři – **kancl, v kanclu** Büro, im Büro
nadřízený/nadřízená, vedoucí – **šéf, šéfka** Vorgesetzter/Vorgesetzte, Chef, Chefin
práce, zaměstnání – **job** *(lies:* džop*)* Arbeit – Job

10.7 Mehrfache Verneinung

Nach Negativpronomen und -adverbien, z.B. nikdy, nikde, nikdo... *wird im Tschechischen auch das Verb verneint, z.B.:*
Nikdy nehraju hry na počítači. Ich spiele nie Computerspiele.

U nás v práci <u>nikdy</u> <u>nikdo</u> <u>ne</u>hraje hry na počítači. Bei uns in der Arbeit spielt nie jemand Computerspiele.

Beachten Sie die Wortbildung: Indefinitpronomen und -adverbien sowie Negativpronomen und -adverbien werden durch die Vorsilbe **ně-** *bzw.* **ni-** *vor dem Interrogativpronomen oder -adverb gebildet:*
kdo wer – **někdo** jemand – **nikdo** niemand
kde wo – **někde** irgendwo – **nikde** nirgendwo
kam wohin – **někam** irgendwohin – **nikam** nirgendwohin
kdy wann – **někdy** irgendwann – **nikdy** nirgendwann

10.8 Bildung von Adverbien

Die meisten[1] Adverbien werden von Adjektiven abgeleitet, sie haben folgende Endungen:
1. Endung -e/-ě *z.B.:*
rychlý > **rychle** dobrý > **dobře**
levný > **levně** perfektní > **perfektně**

Die Endung -ě *folgt auf die Konsonanten* d, t, n, m, p, b *und* v, *z.B.:* levný > levně.
Beachten Sie die Konsonantenänderung (Palatalisierung), z.B.: dobrý > dobře. *Es gibt auch Ausnahmen, z.B.:* pomalý > pomalu.

2. Endung -o *z.B.:*
častý > **často** teplý > **teplo** *(aber auch* teple*)*
daleký > **daleko** *(aber auch* dalece*)* dlouhý > **dlouho** *(aber auch* dlouze*)*
tichý > **ticho** *(aber auch* tiše*)* suchý > **sucho** *(aber auch* suše*)*

Einige Adjektive können Adverbien mit der Endung -o *<u>und</u> mit der Endung* -e *bilden, z.B.:* daleko *und* dalece, dlouho *und* dlouze, ticho *und* tiše, sucho *und* suše. *Die beiden Varianten unterscheiden sich allerdings meistens in ihrer Bedeutung. Die Adverbien, die auf* -o *enden, haben die wörtliche Bedeutung, während die Adverbien auf* -e *eher in der übertragenen, abstrakten Bedeutung benutzt werden. Vergleichen Sie:*
V létě bylo velmi sucho. Im Sommer war es sehr trocken. × Šéf mi suše řekl, že to musím udělat. Der Chef hat mir trocken gesagt, dass ich das machen muss.

3. Endung -y *(wenn das Adjektiv auf* -ský, -cký *endet), z.B.:*
český > **česky**
anglický > **anglicky**
Es gibt auch Ausnahmen, z.B.: hezký > hezky.

[1] *Es gibt auch Adverbien, die nicht von Adjektiven abgeleitet sind, z.B.:* jak wie, jinak anders, potichu leise, nahlas laut.

10.9 Traditionen, Bräuche und Konventionen

Bei einem Vorstellungsgespräch darf ein Arbeitgeber Ihnen keine Fragen stellen, die Ihre persönliche oder familiäre Situation, Ihre politische Einstellung, Ihre Religion oder Ihre sexuelle Orientierung betreffen. Sofern es nicht wichtig für die Arbeit ist, darf er Sie auch nicht nach Ihrem Gesundheitszustand fragen oder danach, ob Sie schwanger sind. Nach dem Arbeitsrecht (262/2006 Sb. hlava 4, § 16-17) sind solche Fragen diskriminierend und Sie haben das Recht, nicht darauf zu antworten. Hier haben wir einige dieser unzulässigen Fragen aufgeführt:

Jste v nějaké politické straně? Sind Sie Mitglied einer Partei?
Jaké máte náboženské vyznání? Jste věřící? Welche Religion haben Sie? Sind Sie gläubig?
Jaká je vaše sexuální orientace? Wie ist Ihre sexuelle Orientierung?
Budete se vdávat/ženit? Werden Sie heiraten?
Máte v plánu založit rodinu? Kdy? Möchten Sie Familie gründen? Wann?
Jak často jsou nemocné vaše děti? Wie oft sind Ihre Kinder krank?
V případě, že budou vaše děti nemocné, kdo o ně bude pečovat? Wer wird sich um Ihre Kinder kümmern, wenn sie krank sind?
Kde je váš partner/partnerka/manžel/manželka zaměstnán/a? Wo arbeitet Ihr Partner / Ihre Partnerin / Ihr Mann / Ihre Frau?
Jak trávíte dovolenou? Wie verbringen Sie Ihren Urlaub?

Wenn der Arbeitgeber ähnliche *Fragen stellt, können Sie so reagieren:*
1. Direkt antworten
Máte malé děti? – Ano, mám, a mám pro ně zajištěné hlídání. Haben Sie kleine Kinder? – Ja, und ich habe für sie eine Kinderbetreuung.
Jste věřící? – Ano, jsem křesťan, a proto chci pomáhat ostatním. Sind Sie gläubig? – Ja, ich bin Christ und deshalb möchte ich anderen Leuten helfen.

2. Höflich die Antwort ablehnen
Promiňte, ale na to nechci odpovídat. Entschuldigen Sie, aber auf diese Frage möchte ich nicht antworten.
Promiňte, ale to je osobní věc. Entschuldigen Sie, aber das ist meine persönliche Sache.
Myslím, že to není pro moji práci důležité. Ich glaube, das ist nicht wichtig für meine Arbeit.
Můžu se zeptat, jak to souvisí s prací? Darf ich fragen, wie das mit der Arbeit zusammenhängt?

Wortschatz zu Lektion 10

Die Aufnahmen zum Wortschatz der Lektion 10 finden Sie online unter www.czechstepbystep.cz, Track 61–67.

• ***Seite 22*** *(Track 61)*

analytik	Analytiker
dlouhodobě	langfristig, über längere Zeit anhaltend (Adv.)
docela	ziemlich, ganz
doplnit *pf.* + *A*	ergänzen
hodnocení	Bewertung
hodnotit + *A*	bewerten
jednoznačně	eindeutig, zweifellos (Adv.)
kdyby	wenn (+ Konjunktiv)
kněz	Priester, Geistlicher
konec	Ende
kupodivu	erstaunlicherweise
lékař, lékařka	Arzt, Ärztin
mínění	Meinung
novinář, novinářka	Journalist, Journalistin
odpovídat + *D* na + *A*	antworten
paní na úklid	Putzhilfe
patřit mezi + *A*	gehören (zu)
placený	bezahlt
poslanec	Abgeordneter
považovat za + *A*	halten (für)
povolání	Beruf
pozitivně	positiv (Adv.)
prestiž	Prestige
prestižní	etwas, was Prestige hat (Adj.)
profese	Beruf
profesionální	professionell
programátor	Programmierer
překvapit *pf.* + *N, A*	überraschen
relativní	relativ
různě	unterschiedlich (Adv.)
sehnat*, seženu *pf.* + *D, A*	beschaffen, auftreiben
sekretářka	Sekretärin
sociologický	soziologisch
souhlasit s + *I*	zustimmen, übereinstimmen, einverstanden sein
soukromý	privat
soukromý zemědělec	privater Landwirt
těžký	schwer, schwierig
úklid	Aufräumen, Reinemachen
vědec, vědkyně	Wissenschaftler, Wissenschaftlerin
veřejný	öffentlich
vyhledávaný	begehrt, gesucht
vysokoškolské vzdělání	Hochschulabschluss
vysokoškolský	Hochschul- (+Subst.)
výzkum	Untersuchung, Forschung
vzdělání	Bildung, Ausbildung
zajímavý	interessant
zatímco	während
zdravotní bratr, zdravotní sestra	Krankenpfleger, Krankenschwester
zemědělec	Landwirt, Bauer
žebříček	Rangliste (wörtl. kleine Leiter)

Jaké povolání je podle vás dobře/špatně placené?	Welcher Beruf wird/ist Ihrer Meinung nach gut/schlecht bezahlt?
Jaké povolání je podle vás prestižní?	Welcher Beruf hat Ihrer Meinung nach (viel) Prestige?

• ***Seite 23*** *(Track 62)*

dělník	Arbeiter
elektrikář	Elektriker
hasič	Feuerwehrmann
instalatér	Installateur, Klempner
programovat	programmieren
ředitel	Direktor
spisovatel	Schriftsteller
svět	Welt
uklízeč	Reinigungskraft, Putzhilfe
veterinář	Tierarzt

• ***Seite 24*** *(Track 63)*

báseň	Gedicht
bytost	Wesen
dostávat + *A*	bekommen, erhalten
důchodkyně	Rentnerin
exotický	exotisch
filmový	Film- (+ Subst.)
hlavní hrdina	Hauptfigur, Held
hobby	Hobby
holka	Mädchen
hororový	Horror- (+ Subst.)
hospoda	Kneipe
hráč	Spieler
hrdina	Held
karetní	Karten- (+ Subst.)
končit	enden
krev	Blut
kvůli + *D*	wegen
lidský	menschlich
magie	Magie
minulost	Vergangenheit
mistrovství	Meisterschaft
mnoho	viel, viele
mýt nádobí	Geschirr spülen
nádobí	Geschirr
navrhovat + *D, A*	entwerfen, vorschlagen
noviny *nur Pl.*	Zeitung

obvyklý	normal, üblich
odejít*, odejdu *pf.*	weggehen, losgehen
odcházet	weggehen, losgehen
penze	Rente, Pension
poker	Poker
postarat se *pf.* o + *A*	sich kümmern
povídka	Erzählung
právě	gerade, eben (Adv.)
producent	Produzent, Hersteller
překladatelka	Übersetzerin
příběh	Geschichte (Erzählung)
publikovat + *A*	veröffentlichen
román	Roman
romantický	romantisch
scénář	Drehbuch
skončit *pf.*	enden, beenden
současnost	Gegenwart
spisovatelka	Schriftstellerin
starat se o + *A*	sich kümmern
stát	Staat
šachy *nur Pl.*	Schach
trafika	Zeitungskiosk
tvořit + *A*	schaffen, erschaffen, erstellen
upír	Vampir
úspěch	Erfolg
utrácet + *A*	(Geld) ausgeben
vampyrolog, vampyroložka	Vampirologe, Vampirologin
velmi	sehr
vyhrát*, vyhraju *pf.* + *A*	gewinnen
vyhrávat + *A*	gewinnen
vytvořit *pf.* + *A*	erschaffen, erstellen
zábava	Vergnügen, Spaß
zábavný	unterhaltsam, spaßig
zaměstnání	Anstellung, Berufstätigkeit
zoologická zahrada, zoo	zoologischer Garten, Zoo
zvíře, zvířata *N Pl., A Pl.*	Tier

Jenny a Martin berou práci jako zábavu.	Für Jenny und Martin ist die Arbeit Vergnügen.
Martin skončil na druhém místě.	Martin ist zweiter geworden / auf dem zweiten Platz gelandet.
Možná…	Vielleicht …
Myslím, že…	Ich denke, dass …
Nejsem si jistý/jistá, ale…	Ich bin mir nicht sicher, aber …
Podle mě…	Meiner Meinung nach …
Řekl/a bych, že…	Ich würde sagen, dass …
Třeba…	Zum Beispiel …

• ***Seite 25*** *(Track 64)*

benefit	Zusatzleistung, Vergünstigung, Benefit
dojíždět	eine längere Strecke zur Arbeit fahren, pendeln
důchod	Rente, Pension
jazykový	Sprach- (+ Subst.)
minulý	der letzte/vorige
nastoupit *pf.*	einsteigen, antreten (eine neue Arbeitsstelle)
nastupovat	einsteigen, antreten (eine neue Arbeitsstelle)
několik	mehrere
plat	Gehalt, Lohn
plný	voll
plný úvazek	Vollzeit
pohádat se *pf.* s + *I*	sich streiten
propustit *pf.* + *A*	entlassen
průměrný	durchschnittlich
služební	Dienst- (+ Subst.)
služební auto	Dienstwagen, Firmenwagen
spokojený	zufrieden
spolu	zusammen
šéfka	Chefin
trvat	dauern
zaměstnanec	Angestellter
země	Land
zkrácený úvazek	Teilzeit
zrušit *pf.* + *A*	abschaffen, absagen, stornieren

Mám čtyři týdny dovolené.	Ich habe vier Wochen Urlaub.
Moje pracovní doba je od… do…	Meine Arbeitszeit ist von … bis …
Můj zaměstnavatel nabízí benefity.	Mein Arbeitgeber bietet Zusatzleistungen.
Musím dojíždět do práce.	Ich muss eine längere Strecke zur Arbeit fahren.
Pracuju na plný/zkrácený úvazek.	Ich arbeite Vollzeit/Teilzeit.
Záleží na tom, jestli/jak/jaký…	Es hängt davon ab, ob/wie/was für ein …

• ***Seite 26*** *(Track 65)*

aplikace	Applikation, App
běžet	laufen
blog	Blog
článek	Artikel
dopsat*, dopíšu *pf.* + *A*	zu Ende schreiben
chatovat *(lies:* četovat*)*	chatten
chytrý	klug
chytrý telefon	Smartphone
levně	billig, günstig (Adv.)
nějak	irgendwie
notebook *(lies:* noutbuk*)*	Notebook, Laptop
obrázek	Bild

on-line *(lies:* onlajn*)*	online
perfektně	perfekt (Adv.)
podívat se *pf.* na + *A*	schauen, gucken
praktický	praktisch
prezentace	Präsentation
prozvonit *pf.* + *A*	durchklingeln
rádio	Radio
skypovat *(lies:* skajpovat*)*	skypen
slogan	Slogan
surfovat *(lies:* serfovat*)*	surfen
tisknout*, tisknu + *A*	drucken, ausdrucken
upravit *pf.* + *A*	bearbeiten
upravovat + *A*	bearbeiten
vytisknout*, vytisknu *pf.* + *A*	drucken, ausdrucken
vytvářet + *A*	erschaffen, erstellen
webová adresa	Webadresse, Internetadresse
zpráva	Nachricht

Čtu články, zprávy nebo blogy.	Ich lese Artikel, Nachrichten oder Blogs.
Používám sociální sítě.	Ich nutze soziale Netzwerke.
Skypuju nebo chatuju.	Ich skype oder chatte.
Surfuju na internetu.	Ich surfe im Internet.
Tisknu dokumenty nebo obrázky.	Ich drucke Dokumente oder Bilder aus.
Upravuju obrázky nebo video.	Ich bearbeite Bilder oder Videos.
Vytvářím dokumenty nebo prezentace.	Ich erstelle Dokumente oder Präsentationen.

• ***Seite 27*** *(Track 66)*

bavit se	sich unterhalten, Spaß haben
bratranec	Cousin
dokončovat + *A*	fertig machen, beenden
Formule 1	Formel 1
jasně	klar, sicher (Adv.)
jinak	sonst, anders (Adv.)
nudit se	sich langweilen
recept	Rezept
sestřenice	Cousine
strejda *ugs.*, strýc	Onkel
technika	Technik
teta	Tante
ticho	Stille, Ruhe, still (Adv.)
vůbec	überhaupt
výborně	ausgezeichnet (Adv.)

Ale jinak se spolu všichni výborně baví.	Aber sonst haben alle viel Spaß miteinander.
Ale vůbec ne.	Aber überhaupt nicht.
Ještě že máme tu techniku!	Zum Glück haben wir die Technik!
No jasně!	Na sicher!
Podívej!	Schau mal!
Vy jste se pohádali?	Habt ihr euch gestritten? / Haben Sie sich gestritten?

• ***Ausgewählte unvollendete/vollendete Verben*** *(Track 67)*

bavit se/pobavit se	sich unterhalten, Spaß haben
dívat se/podívat se	schauen, gucken
dokončovat/dokončit	fertig machen, beenden
dopisovat/dopsat	zu Ende schreiben
doplňovat/doplnit	ergänzen
dostávat/dostat	bekommen, erhalten
hádat se/pohádat se	sich streiten
hodnotit/ohodnotit	bewerten
končit/skončit	enden
nastupovat/nastoupit	einsteigen, antreten (eine neue Arbeitsstelle)
navrhovat/navrhnout	entwerfen, vorschlagen
odcházet/odejít	weggehen, losgehen
odpovídat/odpovědět	antworten
programovat/naprogramovat	programmieren
propouštět/propustit	entlassen
prozvánět/prozvonit	durchklingeln
překvapovat/překvapit	überraschen
rušit/zrušit	abschaffen, absagen, stornieren
shánět *(lies:* schánět, zhánět*)*/ sehnat	beschaffen, auftreiben
starat se/postarat se	sich kümmern
tisknout/vytisknout	drucken, ausdrucken
tvořit/vytvořit	schaffen, erschaffen, erstellen
upravovat/upravit	bearbeiten
utrácet/utratit	(Geld) ausgeben
vytvářet/vytvořit	erschaffen, erstellen

Anhang zu Lektion 11

11.1 Das Geschlecht bei Tierbezeichnungen

Bei Tierbezeichnungen wird ebenso wie bei allen anderen Substantiven das Geschlecht unterschieden:
šnek, papoušek, vlk…, *z.B.:* **Ten šnek je pomalý.** Die Schnecke ist langsam.
opice, kočka, kráva…, *z.B.:.* **Ta opice je zvědavá.** Der Affe ist neugierig.
miniprase, morče…, *z.B.:* **To prase je roztomilé.** Das Schwein ist süß.

Das biologische Geschlecht wird mit dem Namen ausgedrückt. Vergleichen Sie: Miniprase je roztomilé. × Róza je roztomilá.

Bei einigen Tierbezeichnungen gibt es wie im Deutschen Bezeichnungen für das männliche und das weibliche Tier sowie für die Jungen, z.B.: býk Bulle, kráva Kuh, tele Kalb.

11.2 Konsonantenänderung bei Ma-Substantiven und Ma-Adjektiven im Nominativ Plural[1]

Vergleichen Sie die Formen der Ma-Substantive und Ma-Adjektive im Nominativ Singular und Plural:
neobvyklý domácí mazlíček – neobvyklí domácí mazlíčci ein ungewöhnliches Haustier – ungewöhnliche Haustiere
Šnek je slizký. – Šneci jsou slizcí. Eine Schnecke ist schleimig. – Schnecken sind schleimig.

Ma-Substantive (Nominativ Sg. > Nominativ Pl.)		*Ma-Adjektive (Nominativ Sg. > Nominativ Pl.)*	
h, g > z:	pstruh > pstru**zi**	h > z:	dlouhý > dlou**zí**
ch > š:	hroch > hro**ši**	ch > š:	tichý > ti**ší**
k > c:	šnek > šne**ci**	k > c:	slizký > sliz**cí**
r > ř:	kapr > kap**ři**, doktor > dokto**ři**	r > ř:	dobrý > dob**ří**
d > d [ď]:	had > ha**di** [haďi]	d > d [ď]:	mladý > mla**dí** [mlaďí]
t > t [ť]:	student > studen**ti** [studenťi]	t > t [ť]:	chlupatý > chlupa**tí** [chlupaťí]
n > n [ň]:	slon > slo**ni** [sloňi]	n > n [ň]:	nebezpečný > nebezpeč**ní** [nebezpečňí]
		Außerdem:	
		sk > št [šť]:	český > če**ští** [češťí]
		ck > čt [čť]:	německý > ně**mečtí** [němečťí]

In der Alltagssprache kommt es bei Adjektiven im Nominativ Plural nicht zu einer Konsonantenänderung (Palatalisierung). Sie können z.B. hören: slizký šneci, dobrý psi.

[1] *Konsonantenänderungen bei Ma-Substantiven kennen Sie schon von Lektion 10, Punkt 10.2. Konsonantenänderungen gibt es aber nicht nur im Nominativ Plural, sondern z.B. auch im Dativ und Lokativ:* kamarád**ka** > Telefonuju kamarád**ce**. > Mluvím o kamarád**ce**. Ich rufe meine Freundin an. Ich spreche über meine Freundin.

11.3 N-Substantive mit der Endung -e/-ě (Mustersubstantiv kuře)

Einige neutrale Substantive wie z.B. zvíře Tier, prase Schwein, morče Meerschweinchen *oder* štěně Welpe *haben eine besondere Deklination. Sie werden nach dem Mustersubstantiv* kuře Hähnchen *dekliniert.*

	Singular	*Plural*
1. Nominativ	**kuře**	**kuřata**
2. Genitiv	**kuřete**	**kuřat**
3. Dativ	**kuřeti**	**kuřatům**
4. Akkusativ	**kuře**	**kuřata**
5. Vokativ	**kuře**	**kuřata**
6. Lokativ	**kuřeti**	**kuřatech**
7. Instrumental	**kuřetem**	**kuřaty** *(ugs.* **kuřatama)**

Beachten Sie, dass die meisten Substantive mit der Endung -e/-ě Feminina sind (89 %), z.B. restaurace Restaurant, kolegyně Kollegin. *Es gibt aber auch einige Maskulina (3 %), z.B.* průvodce Reiseführer, *und Neutra (8 %), z.B.* letiště Flughafen, kuře Hähnchen.

11.4 Steigerung von Adverbien

Adverbien können wie Adjektive gesteigert werden. Es gibt regelmäßige und unregelmäßige Steigerungsformen.
1. Regelmäßige Formen
Die meisten Adverbien bilden den Komparativ mit dem Suffix -eji/-ěji. *Superlative erhalten zusätzlich noch das Präfix* nej-:

1. Grundform	*2. Komparativ*	*3. Superlativ*
	-eji/-ěji[1]	**nej- + -eji/-ěji**
rychle nebezpečně *Ebenso:* pomalu často	**rychleji** **nebezpečněji** **pomaleji** **častěji**	**nejrychleji** **nejnebezpečněji** **nejpomaleji** **nejčastěji**

[1] *Wenn das Adverb auf den Konsonanten* d, t, n, b, p, v, m *oder* f *endet, ist das Suffix* -ěji, *z.B.:* nebezpečněji.
In der Alltagssprache hören Sie auch verkürzte Formen von Adverbien, z.B.: rychlejc *oder* rychlejš *anstatt* rychleji.

2. Unregelmäßige Formen
Folgende Komparative und Superlative unterscheiden sich ganz von der Grundform oder sie haben eine Veränderung im Wortstamm:

1. Grundform	*2. Komparativ*	*3. Superlativ*
dobře	**lépe, líp**[1]	**nejlépe, nejlíp**[1]
špatně	**hůře, hůř**	**nejhůře, nejhůř**
málo	**méně, míň**	**nejméně, nejmíň**
hodně, mnoho	**více, víc**	**nejvíce, nejvíc**
brzo/brzy	**dříve, dřív**	**nejdříve, nejdřív**
dlouho	**déle, dýl**[2]	**nejdéle, nejdýl**[2]

[1] *In der gesprochenen Sprache werden häufiger die Formen ohne die Endung -e benutzt, z.B.:* líp, nejlíp.
[2] *Die Formen* dýl, nejdýl *sind typisch für die Alltagssprache.*

11.5 Hodně, víc, míň + *Genitiv*

Im Lehrbuch auf S. 32 sehen Sie:
Potřebujete hodně volného času. Sie brauchen viel Freizeit.
Potřebujete hodně místa. Sie brauchen viel Platz.
Máte víc pohybu. Sie haben mehr Bewegung.

Nach Ausdrücken, die eine Menge bezeichnen, z.B. hodně, víc *oder* míň, *steht der Genitiv, der auch partitiver Genitiv genannt wird. Mehr Informationen zu Mengenangaben finden Sie unter Punkt 13.3.*

Die Deklinationsformen des Genitiv Singular finden Sie in der Deklinationstabelle auf S. 83. Mehr zum Genitiv Plural s. Punkt 13.2.

11.6 Personalpronomen nach Präpositionen

Im Lehrbuch auf S. 32 sehen Sie:
Neumím si život bez nich představit. Ich kann mir das Leben ohne sie nicht vorstellen.
Nejlepší jsou psi, protože se s nimi musí chodit ven. Am besten sind Hunde, denn man muss mit ihnen rausgehen.
Učí se o ně starat a mít za ně zodpovědnost. Sie lernen, sich um sie zu kümmern und für sie Verantwortung zu tragen.
Psi pořád štěkají a já kvůli nim nemůžu spát. Die Hunde bellen immer und ich kann wegen ihnen nicht schlafen.
A víc o nich nechci diskutovat. Ich möchte nicht mehr über sie diskutieren.

Wenn Personalpronomen nach Präpositionen stehen, werden folgende Formen benutzt:

Fall (Präposition[1]*)*	*Singular*				*Plural*		
1. Nominativ[2]	(já)	(ty)	(on, ono[4])	(ona)	(my)	(vy)	(oni)
2. Genitiv (bez, z, od, do, u, vedle, podle)	**mě**[3]	**tebe**	**něho/něj**	**ní**	**nás**	**vás**	**nich**
3. Dativ (kvůli, k)	**mně**[3]	**tobě**	**němu**	**ní**	**nám**	**vám**	**nim**
4. Akkusativ (o, za, před, nad, pod, pro, na, mezi)	**mě**	**tebe**	**něho/něj**	**ni**	**nás**	**vás**	**ně**
6. Lokativ (o, v, na)	**mně**	**tobě**	**něm**	**ní**	**nás**	**vás**	**nich**
7. Instrumental (s, před, za, nad, pod, mezi)	**mnou**	**tebou**	**ním**	**ní**	**námi**	**vámi**	**nimi**

[1] *Einige Präpositionen haben zur besseren Aussprache auch eine erweiterte Form:* k/ke, v/ve, s/se, z/ze, bez/beze, pod/pode, nad/nade, před/přede.
[2] *Die Personalpronomen im Nominativ sind ohne Präposition aufgeführt, sie dienen nur zur Orientierung.*
[3] *Beachten Sie, dass die Formen* mě *und* mně *gleich ausgesprochen werden.*
[4] *Anstatt des Personalpronomens* ono *es wird vor allem im Nominativ Singular oft das Demonstrativpronomen* to *das benutzt, z.B.:* To je zajímavé. Das ist interessant.

Personalpronomen haben außer den Formen, die nach Präpositionen benutzt werden, auch noch die sog. kurzen und die langen Formen. Die langen Formen der Personalpronomen können auch am Anfang eines Satzes stehen. Eine Deklinationstabelle mit den kurzen Formen und den Formen nach Präpositionen finden Sie auf S. 82.

11.7 Verben + Akkusativ und Verben mit einer Präposition + Akkusativ

Im Lehrbuch auf S. 33 sehen Sie:

Děti se už dlouho těšily na farmu. Die Kinder haben sich schon lange auf den Bauernhof gefreut.
Předtím jsem neznala tu farmu. Vorher kannte ich den Bauernhof nicht.
Zlobila jsem se na manžela. Ich habe mich über meinen Mann geärgert.
Manžel si nevzal navigaci. Mein Mann hat das Navi nicht mitgenommen.

Wie Sie in den Beispielen sehen, kann der Akkusativ direkt zu einem Verb gehören (z.B. znát někoho/něco jmdn./etw. kennen*) oder der Akkusativ steht nach der Präposition, die zu dem Verb gehört (z.B.* těšit se na někoho/něco sich auf jmdn./etw. freuen*).*

1. Verben + Akkusativ

brát (si)/vzít* (si) nehmen
mít haben
nabízet/nabídnout* anbieten
doporučovat/doporučit empfehlen
obdivovat bewundern
vidět sehen
znát kennen

2. Verben mit Präposition + Akkusativ

být zvyklý na gewöhnt sein an
dívat se/podívat se na etwas ansehen
starat se/postarat se o sich kümmern um
stěžovat si na sich beschweren über
těšit se na sich freuen auf
zajímat se o sich interessieren für
zlobit se na sich ärgern über
zvykat si/zvyknout si na sich gewöhnen an

Einige Verben können zusätzlich mit dem Dativ stehen, z.B.: doporučovat/doporučit, nabízet/nabídnout, stěžovat si na, *z.B.:* Doporučuju ti tu farmu. Ich empfehle dir diesen Bauernhof. Obchody nabízejí klientům bio produkty. Die Geschäfte bieten ihren Kunden Bioprodukte an. Stěžovala si manželovi na špatné jídlo. Sie hat sich bei ihrem Mann über das schlechte Essen beschwert.

Beachten Sie, dass die Präposition in einem Fragesatz am Satzanfang steht, z.B.: **Na** co se děti dlouho těšily? – Na farmu. Worauf haben sich die Kinder schon lange gefreut? – Auf den Bauernhof.

Die Deklinationsformen des Akkusativ Singular finden Sie in der Deklinationstabelle auf S. 83. Mehr zum Akkusativ Plural s. Punkt 11.8.2.

11.8.1 Nominativ Plural

In der folgenden Tabelle sehen Sie alle Mustersubstantive im Nominativ Plural:

Beispielsatz	*Pronomen*[1]			*Adjektive*[2]		*Substantive*[3]		
	kdo, co	ten, ta, to	můj, moje	*ý-Adjektive Adjektive mit der Endung* -ý *im Nom. Sg.*	*í-Adjektive Adjektive mit der Endung* -í *im Nom. Sg.*	*1. Deklinationsgruppe Ma/Mi-Substantive, die im Nom. Sg. auf einen Konsonanten ohne Häkchen enden, F mit der Endung* -a *und N mit der Endung* -o	*2. Deklinationsgruppe Substantive, die im Nom. Sg. auf einen Konsonanten mit Häkchen oder auf* -e/-ě, -c, -j, -tel *enden*	*3. Deklinationsgruppe Ma-Substantive, die im Nom. Sg. auf* -a *enden, F mit der Endung* -st *und N mit der Endung* -í
To jsou…	kdo? co?	ti ty ty ta	moji moje moje moje	noví nové nové nová	moderní moderní moderní moderní	doktoř**i**, pán**i**/pán**ové** obchod**y** škol**y** kin**a**	lékař**i**, učitel**é** počítač**e** restaurace, kancelář**e** letiště	koleg**ové**, turist**i**/turist**é** --- místnost**i** nádraží

[1] *Ebenso wie die Demonstrativpronomen* ten, ta, to *werden auch die Pronomen* tento, tato, toto dieser, diese, dieses *und* tenhle, tahle, tohle dieser, diese, dieses *dekliniert, z.B. im Nominativ Plural für Ma-Substantive:* ti, tito, tihle.
[2] *In der traditionellen tschechischen Grammatikterminologie werden die ý-Adjektive als harte und die í-Adjektive als weiche Adjektive bezeichnet.*
Ma-Adjektive haben im Nominativ Plural die Endung -í, *z.B.* malí psi, velcí psi. *Bei Adjektiven mit den Endungen* -hý, -chý, -ký, -rý, -ský *und* -cký *kommt es zu einer Konsonantenänderung (Palatalisierung), sie werden zu* -zí, -ší, -cí,-ří, -ští *und* -čtí, *z.B.:* dlouhý > dlouzí, suchý > suší, velký > velcí, dobrý > dobří, český > čeští, německý > němečtí. *In der Alltagssprache kommt es bei Adjektiven im Nominativ Plural nicht zu der Konsonantenänderung, Sie können z.B. hören:* dlouhý hadi, velký psi, dobrý doktoři.
[3] *In der traditionellen tschechischen Grammatikterminologie werden die Substantive der 1. Deklinationsgruppe als harte und die Substantive der 2. Deklinationsgruppe als weiche Substantive bezeichnet. Für die Substantive der 3. Deklinationsgruppe gibt es keine zusammenfassende Bezeichnung. Ma-Substantive haben im Nominativ Plural meistens die Endung* -i, *z.B.* králíci, psi. *Vor der Pluralendung kommt es bei den Konsonanten* h, ch, k, r, g, d, t *und* n *zu einer Änderung (Palatalisierung), z.B.:* Čech > Češi, králík > králíci, doktor > doktoři, had > hadi [haďi]. *Einige Ma-Substantive können im Nominativ Plural neben der Endung* -i *auch die Endung* -é *bzw.* -ové *haben, z.B.:* turista > turisti/turisté, Angličan > Angličani/Angličané, pán > páni/pánové.
Ma-Substantive, die aus anderen Sprachen übernommen wurden und deren letzter Konsonant ein f, g, l *oder* m *ist, sowie einige kurze, meist einsilbige Ma-Substantive haben im Nominativ Plural die Endung* -ové, *z.B.:* fotografové, kolegové, Italové, ekonomové, Rusové.
Ma-Substantive, die auf -tel *enden, und einige weitere Substantive haben im Nominativ die Endung* -é, *z.B.:* učitelé, manželé, Španělé.

Ma-Substantive, die auf -e *enden, z.B.* průvodce Reiseführer, *werden außer im Vokativ Singular nach dem Muster* lékař *dekliniert, z.B. im Nominativ Plural:* průvodci.
Einige Mi-Substantive, die auf -tel *enden, z.B.* hotel Hotel, kostel Kirche *sind Ausnahmen. Sie gehören nicht zur 2., sondern zur 1. Deklinationsgruppe, z.B. im Nominativ Plural:* hotely, kostely.
F-Substantive, die auf -el *oder* -ev *enden, z.B.* postel Bett *oder* láhev Flasche, *gehören zur 2. Deklinationsgruppe und werden nach dem Muster* kancelář *dekliniert, z.B. im Nominativ Plural:* postele, láhve.
Einige F-Substantive, die auf einen Konsonanten enden, z.B. loď Schiff, *können in der Deklination die Endungen der 2. Deklinationsgruppe (Mustersubstantiv* kancelář*) und auch der 3. Deklinationsgruppe (Mustersubstantiv* místnost*) haben, z.B. im Nominativ Plural:* lodě *und* lodi.
N-Substantive, die auf -um *enden, z.B.* centrum Zentrum, *verlieren bei der Deklination die Endung* -um, *z.B. im Nominativ Plural:* centra.
N-Substantive, die auf -e/-ě *enden und Jungtiere bezeichnen, z.B.* kuře Hähnchen, štěně Welpe, kotě Kätzchen, *sowie die Substantive* zvíře Tier, prase Schwein, morče Meerschweinchen, rajče Tomate *haben eine besondere Deklination. Das Mustersubstantiv ist* kuře, *z.B. im Nominativ Plural:* kuřata.

Beachten Sie:
Bei einigen Substantiven kommt es bei den deklinierten Formen zu einer Änderung im Wortstamm: Das mobile -e- *fällt weg oder es gibt den Vokalwechsel* ů > o, *z.B. im Nominativ Plural:* pes > psi, dům > domy.
Einige Substantive haben unregelmäßige Formen, z.B. im Nominativ Plural: oko > oči, ucho > uši, dítě > děti, člověk > lidé, *ugs.* lidi, kůň > koně

Die Deklinationstabelle mit allen Pluralformen finden Sie auf S. 84.

11.8.2 Akkusativ Plural

In der folgenden Tabelle sehen Sie alle Mustersubstantive im Akkusativ Plural:

Beispielsatz	*Pronomen*[1]			*Adjektive*[2]		*Substantive*[3]		
	kdo, co	ten, ta, to	můj, moje	*ý-Adjektive* *Adjektive mit der Endung -ý im Nom. Sg.*	*í-Adjektive* *Adjektive mit der Endung -í im Nom. Sg.*	*1. Deklinationsgruppe* *Ma/Mi-Substantive, die im Nom. Sg. auf einen Konsonanten ohne Häkchen enden, F mit der Endung -a und N mit der Endung -o*	*2. Deklinationsgruppe* *Substantive, die im Nom. Sg. auf einen Konsonanten mit Häkchen oder auf -e/-ě, -c, -j, -tel enden*	*3. Deklinationsgruppe* *Ma-Substantive, die im Nom. Sg. auf -a enden, F mit der Endung -st und N mit der Endung -í*
Hledám…	koho? co?	ty ty ty ta	moje moje moje moje	nové nové nové nová	moderní moderní moderní moderní	doktor**y** obchod**y** škol**y** kin**a**	lékař**e** počítač**e** restaurace, kancelář**e** letiště	koleg**y** --- místnost**i** nádraží

[1] *Ebenso wie die Demonstrativpronomen* ten, ta, to *werden auch die Pronomen* tento, tato, toto dieser, diese, dieses *und* tenhle, tahle, tohle dieser, diese, dieses *dekliniert, z.B. im Akkusativ Plural für Mi-, Ma- und F-Substantive:* ty, tyto, tyhle.
[2] *In der traditionellen tschechischen Grammatikterminologie werden die ý-Adjektive als harte und die í-Adjektive als weiche Adjektive bezeichnet.*
[3] *In der traditionellen tschechischen Grammatikterminologie werden die Substantive der 1. Deklinationsgruppe als harte und die Substantive der 2. Deklinationsgruppe als weiche Substantive bezeichnet. Für die Substantive der 3. Deklinationsgruppe gibt es keine zusammenfassende Bezeichnung.*
Ma-Substantive, die auf -e *enden, z.B.* průvodce Reiseführer, *werden außer im Vokativ Singular nach dem Muster* lékař *dekliniert, z.B. im Akkusativ Plural:* průvodce.
Einige Ma- und Mi-Substantive, die auf -l *oder* -z *enden, z.B.* král König, cíl Ziel, Francouz Franzose, *gehören zur 2. Deklinationsgruppe und werden nach dem Muster* lékař *bzw.* počítač *dekliniert, z.B. im Akkusativ Plural:* krále, cíle, Francouze.
Einige Mi-Substantive, die auf -tel *enden, z.B.* hotel Hotel, kostel Kirche *sind Ausnahmen. Sie gehören nicht zur 2., sondern zur 1. Deklinationsgruppe, z.B. im Akkusativ Plural:* hotely, kostely.
F-Substantive, die auf -el *oder* -ev *enden, z.B.* postel Bett *oder* láhev Flasche, *gehören zur 2. Deklinationsgruppe und werden nach dem Muster* kancelář *dekliniert, z.B. im Akkusativ Plural:* postele, láhve.
Einige F-Substantive, die auf einen Konsonanten enden, z.B. loď Schiff, *können in der Deklination die Endungen der 2. Deklinationsgruppe (Muster-substantiv* kancelář*) und auch der 3. Deklinationsgruppe (Mustersubstantiv* místnost*) haben, z.B. im Akkusativ Plural:* lodě *und* lodi.
N-Substantive, die auf -um *enden, z.B.* centrum Zentrum, *verlieren bei der Deklination die Endung* -um, *z.B. im Akkusativ Plural:* centra.
N-Substantive, die auf -e/-ě *enden und Jungtiere bezeichnen, z.B.* kuře Hähnchen, štěně Welpe, kotě Kätzchen, *sowie die Substantive* zvíře Tier, prase Schwein, morče Meerschweinchen, rajče Tomate *haben eine besondere Deklination. Das Mustersubstantiv ist* kuře, *z.B. im Akkusativ Plural:* kuřata.

Beachten Sie:
Bei einigen Substantiven kommt es bei den deklinierten Formen zu einer Änderung im Wortstamm: Das mobile -e- *fällt weg oder es gibt den Vokalwechsel* ů > o, *z.B. im Akkusativ Plural:* pes > psy, dům > domy.
Einige Substantive haben unregelmäßige Formen, z.B. im Akkusativ Plural: oko > oči, ucho > uši, dítě > děti, člověk > lidi.

Die Deklinationstabelle mit allen Pluralformen finden Sie auf S. 84.

11.9 Traditionen, Bräuche und Konventionen

1. Diskussion
In Diskussionen können Sie folgende Redemittel benutzen:
Myslím (si), že…/Nemyslím (si), že… Ich denke/meine, dass … / Ich denke/meine nicht, dass …
Podle mě…/Podle mého názoru… Meiner Meinung / Ansicht nach …
Souhlasím./Nesouhlasím. Da stimme ich dir/Ihnen zu. / Da stimme ich dir/Ihnen nicht zu.
Souhlasím s…/Nesouhlasím s… Ich bin mit … einverstanden. / Ich bin mit … nicht einverstanden.

Samozřejmě./Samozřejmě že ano./Samozřejmě že ne. Selbstverständlich. / Ja, selbstverständlich. / Selbstverständlich nicht.
Určitě./Určitě ano./Určitě ne. Sicher. / Ja, sicher. / Sicher nicht.
Rozhodně./Rozhodně ano./Rozhodně ne. Bestimmt. / Ja, bestimmt. / Bestimmt nicht.

2. Übliche Gesprächsthemen
Häufige Gesprächsthemen in Tschechien sind das Wetter und Sport (hauptsächlich Fußball und Eishockey), gelegentlich auch Kinder und Haustiere. Vorsichtig sollte man mit Fragen zu politischen Themen oder der Religion sein. Auch nach dem Alter, gesundheitlichen Problemen, Geld und Eigentum sollte man nicht unbedingt fragen. Tschechen beschweren sich im Allgemeinen gern, also kann man ruhig auch über negative Themen sprechen – natürlich unter der Voraussetzung, dass man sich mit der negativen Einschätzung einig ist. :-) Normalerweise beschwert man sich über alles, was unzulänglich ist, z.B. über den Verkehr (die Züge haben Verspätung, überall sind Baustellen) oder die Zustände in der Firma (der Kaffee aus der Kaffeemaschine schmeckt nicht) und natürlich über das Wetter.

Wortschatz zu Lektion 11

Die Aufnahmen zum Wortschatz der Lektion 11 finden Sie online unter www.czechstepbystep.cz, Track 68–74.

• ***Seite 30*** *(Track 68)*

alergik, alergička	Allergiker, Allergikerin
barevný	bunt, farbig
bavit + *N, A* (Baví mě…)	Spaß machen, (jmdn.) unterhalten
bezpečný	sicher
cvičení	Übung
čtenář	Leser
divný	komisch, merkwürdig
divoký	wild
domácí	hausgemacht, Haus- (+ Subst.)
domácí mazlíček	Haustier
hlučný	laut
hravý	verspielt, spielerisch
hrozně	schrecklich (Adv.)
chlupatý	behaart
chovat + *A*	halten, haben (Tiere)
chroustat + *A*	knabbern
konverzovat	sich unterhalten
kouzelný	zauberhaft
lehký	leicht
mazlíček *Dimin.*	Haustier
miláček *Dimin.*	Liebling, Schatz
místo + *G*	anstatt
náročný	anspruchsvoll, anstrengend
narozeniny *nur Pl.*	Geburtstag
nevýhoda	Nachteil
okurka	Gurke
opice	Affe
ošklivý	hässlich
papoušek	Papagei
pomalý	langsam
porota	Jury
pořídit (si) *pf. + D, A*	(sich etwas) anschaffen
poslechnout*, poslechnu *pf. + A*	gehorchen, hören
prase, prasata *N Pl., A Pl.*	Schwein
představit si *pf. + A*	sich (etwas) vorstellen
přítulný	anschmiegsam, zutraulich
respekt	Respekt
rozhodně	bestimmt (Adv.)
rozhodnout* (se), rozhodnu (se) *pf.*	(sich) entscheiden, beschließen
roztomilý	niedlich, süß
rychlý	schnell
salát	Salat
slizký	schleimig
slovo	Wort
soutěž	Wettbewerb
společnost	Gesellschaft
strašně	schrecklich (Adv.)
šnek	Schnecke (mit Schneckenhaus)
tichý	ruhig, still
věta	Satz
vlk	Wolf
vtipně	witzig, lustig (Adv.)
výhoda	Vorteil
vypsat soutěž	einen Wettbewerb ausschreiben
zkušenost	Erfahrung
zvědavý	neugierig
zvykat si na + *A*	sich gewöhnen
Baví mě…/Nebaví mě…	… macht mir Spaß. / … macht mir keinen Spaß.
Dlouho jsem si zvykal/a na…	Ich musste mich lange an … gewöhnen.
Je pravda, že…/Není pravda, že…	Es ist wahr / nicht wahr, dass …
Mít doma zvíře nestojí za to, protože…	Ein Tier zu Hause zu haben lohnt sich nicht, weil …
Pořídil/a jsem si…	Ich habe mir … angeschafft.
Výhoda je, že…/Nevýhoda je, že…	Der Vorteil/Nachteil ist, dass …

• ***Seite 31*** *(Track 69)*

gepard	Gepard
hlučně	laut (Adv.)
inteligentně	intelligent (Adv.)
křeček	Hamster
kůň, koně *G Sg., N Pl., A Pl.*	Pferd
lev	Löwe
morče, morčata *N Pl., A Pl.*	Meerschweinchen
nebezpečně	gefährlich
pohybovat se	sich bewegen
pomalu	langsam (Adv.)
roztomile	niedlich, süß (Adv.)
tiše	ruhig, still (Adv.)

• ***Seite 32*** *(Track 70)*

alergie	Allergie
cítit	fühlen, riechen
diskutovat o + *L*	diskutieren
diskuze	Diskussion
mít zodpovědnost za + *A*	Verantwortung haben/tragen
názor	Meinung, Ansicht
nepořádek	Unordnung, Durcheinander
panelák	Plattenbau
perfektní	perfekt
pohyb	Bewegung
pro a proti	Pro und Kontra
proti + *D*	gegen, gegenüber
příroda	Natur
samozřejmě	selbstverständlich (Adv.)
štěkat	bellen
třeba	zum Beispiel
ven	raus, hinaus, heraus
venku	draußen
volný čas	Freizeit
zodpovědnost	Verantwortung
život	Leben
Myslím (si)/Nemyslím (si), že…	Ich denke / Ich denke nicht, dass …
Podle mě…	Meiner Meinung nach …
Podle mého názoru…	Meiner Ansicht nach …
Rozhodně./Rozhodně ano./ Rozhodně ne.	Bestimmt. / Ja, bestimmt. / Bestimmt nicht.
Samozřejmě./Samozřejmě že ano./Samozřejmě že ne.	Selbstverständlich. / Ja, selbstverständlich. / Selbstverständlich nicht.

Souhlasím./Nesouhlasím.	Da stimme ich dir/Ihnen zu. / Da stimme ich dir/Ihnen nicht zu.
Určitě./Určitě ano./Určitě ne.	Sicher. / Ja, sicher. / Sicher nicht.

• ***Seite 33*** *(Track 71)*

bioprodukt	Bioprodukt
dětské hřiště	Spielplatz
farma	Bauernhof
hřiště	Sportplatz, Spielplatz
jezírko	kleiner See
králík	Kaninchen
kráva	Kuh
louka	Wiese
občerstvení	Imbiss
obdivovat + *A*	bewundern
ovce	Schaf
pískoviště	Sandkasten
pole	Feld
stánek	Stand (z.B. auf dem Markt)
vlastní	eigen
vrátit se *pf.*	zurückkommen, zurückkehren
zlobit se na + *A*	sich ärgern
ztratit se *pf.*	sich verfahren, sich verlaufen, verloren gehen
zvyklý	gewöhnt
živý	lebendig, lebend

Doporučuju ti/vám…	Ich empfehle dir/Ihnen/euch …
Měli tam…	Dort hatten sie …
Obdivoval/a jsem…	Ich habe … bewundert.
Podívej/te se na…	Schau dir / Schauen Sie sich / Schaut euch mal … an!
Staral/a jsem se o…	Ich habe mich um … gekümmert.
Stěžoval/a jsem si na…	Ich habe mich über … beschwert.
Těšil/a jsem se na…, ale…	Ich habe mich auf … gefreut, aber …
Viděl/a jsem…	Ich habe … gesehen.
Zajímám se o…, proto jsem byl/a v/ve/na…	Ich interessiere mich für …, deshalb war ich in/auf/bei …

• ***Seite 34*** *(Track 72)*

bio	Bio- (+ Subst.)
dolní	der/die/das untere
horní	der/die/das obere
kachna	Ente
kilometr	Kilometer
kopec	Hügel
koupání	Baden
koza	Ziege
kuře, kuřata *N Pl., A Pl.*	Hühnchen, Hähnchen
naproti + *D*	gegenüber
návštěvník	Besucher
odpočinkový	zum Ausruhen (Adj.), Rast- (+ Subst.)
parkoviště	Parkplatz
pokladna	Kasse
slepice	Huhn, Henne
směr	Richtung
stránka	Seite
tygr	Tiger
ubytovaný	untergebracht, hier: Hotelgast
vstup	Eingang
WC *(lies:* vé cé)	WC

Na farmě jsou zvířata.	Auf dem Bauernhof sind / gibt es Tiere.
Naproti hřišti je/jsou…	Gegenüber dem Spielplatz ist/sind …
Vedle jezírka je/jsou…	Neben dem See ist/sind …

• ***Seite 35*** *(Track 73)*

beran	Widder
brácha *ugs.*, bratr	Bruder
inspirace	Inspiration
krocan	Truthahn
mlsný	naschhaft
moudrý	klug, weise
mravenec	Ameise
naparovat se	sich aufplustern, sich aufspielen
porcelán	Porzellan
pracovitý	fleißig
rak	Krebs
ryba	Fisch
silný	stark
slon	Elefant
sova	Eule
tvrdohlavý	stur, dickköpfig
zajíc	Hase
zdravý	gesund

být červený jako rak	rot wie eine Tomate sein (wörtl. wie ein Krebs)
být jako slon v porcelánu	wie ein Elefant im Porzellanladen sein (wörtl. wie im Porzellan)
být mlsný jako koza	nachhaft wie eine Katze sein (wörtl. wie eine Ziege)
být moudrý jako sova	klug/weise wie eine Eule sein
být pomalý jako šnek	langsam wie eine Schnecke sein
být pracovitý jako mravenec	fleißig wie eine Ameise sein
být rychlý jako zajíc	schnell/flink wie ein Wiesel sein (wörtl. wie ein Hase)
být silný jako lev	stark wie ein Bär sein (wörtl. wie ein Löwe)
být tvrdohlavý jako beran	stur wie ein Bock sein (wörtl. wie ein Widder)
být zdravý jako ryba	gesund wie ein Fisch im Wasser sein (wörtl. gesund wie ein Fisch)
být zvědavý jako opice	gespannt wie ein Flitzebogen sein (wörtl. neugierig wie ein Affe)
mít hlad jako vlk	Hunger wie ein Wolf haben
naparovat se jako krocan	sich aufspielen wie ein Pfau (wörtl. wie ein Truthahn)

• ***Ausgewählte unvollendete/vollendete Verben*** *(Track 74)*

pohybovat se/pohnout se	sich bewegen
pořizovat (si)/pořídit (si)	(sich etwas) anschaffen
poslouchat/poslechnout	gehorchen, hören
představovat si/představit si	sich (etwas) vorstellen
rozhodovat (se)/rozhodnout (se)	(sich) entscheiden, beschließen
vracet se/vrátit se	zurückkommen, zurückkehren
zlobit se/rozzlobit se	sich ärgern
ztrácet se/ztratit se	sich verfahren, sich verlaufen, verloren gehen
zvykat si/zvyknout si	sich gewöhnen

Anhang zu Lektion 12

12.1 Altersangaben und Zeitangaben, die mit dem Alter zusammenhängen

Im Lehrbuch auf S. 38 sehen Sie:

Martin Kuklík vypadá jako normální osmiletý kluk. Martin Kuklík sieht aus wie ein normaler achtjähriger Junge.
V jednom roce jsem říkal celé věty a ve čtyřech letech jsem uměl číst. Mit einem Jahr habe ich ganze Sätze gesagt und mit vier Jahren konnte ich lesen.
Když mi bylo pět, nastoupil jsem do školy, kde mám individuální vzdělávací plán. Als ich fünf war, bin ich in die Schule gekommen, wo ich einen individuellen Unterrichtsplan habe.
Od čtyř let hraje na housle a nedávno skončil v mezinárodní houslové soutěži na prvním místě. Seit seinem vierten Lebensjahr spielt er Geige und vor Kurzem landete er bei einem internationalen Geigenwettbewerb auf dem ersten Platz.

Altersangaben:
1. Ausdruck mit Altersangabe (die Person steht im Dativ), z.B.:
Kolik je Martinovi? – Je mu 8 (let). Wie alt ist Martin? – Er ist 8 (Jahre alt).
Kolik je Zdeně? – Je jí 70 (let). Wie alt ist Zdena? – Sie ist 70 (Jahre alt).
2. Adjektiv, das das Alter angibt, meist in Verbindung mit einem Substantiv, z.B.:
osmiletý kluk ein achtjähriger Junge, **sedmdesátiletá paní** eine siebzigjährige Frau

Zeitangaben, die mit dem Alter zusammenhängen:
1. Präposition v/ve *+ Altersangabe im Lokativ, z.B.:* **Kdy? V kolika letech?** Wann? Mit wie viel Jahren? – **V jednom roce.** Mit einem Jahr. / **Ve čtyřech (letech).** Mit vier (Jahren).
2. Nebensatz mit der Konjunktion když*, z.B.:* **Kdy? V kolika letech?** Wann? Mit wie viel Jahren? – **Když mu bylo pět (let).** Als er fünf (Jahre alt) war. / **Když jí bylo šedesát (let).** Als sie sechzig (Jahre alt) war.
3. Präpositionen od *und* do *+ Altersangabe im Genitiv, z.B.:* **Odkdy dokdy? Od kolika (let) do kolika (let)?** Von wann bis wann? Von seinem wievielten bis zu seinem wievielten Lebensjahr? – **Od čtyř let.** Seit seinem/ihrem vierten Lebensjahr. / **Do osmdesáti let.** Bis zu seinem/ihrem achtzigsten Lebensjahr.

Beachten Sie, dass die tschechische Präposition od *im Deutschen drei Bedeutungen hat:* seit, von, ab. *Vergleichen Sie:* **Od čtyř let hraje na housle.** Seit seinem vierten Lebensjahr spielt er Geige. **Děti chodí do školky od tří do šesti let**. Kinder im Alter von drei bis sechs Jahren gehen in den Kindergarten. **Tento film je pro děti od dvanácti (let).** Der Film ist für Jugendliche ab 12 (Jahren).

Vergleichen Sie die Fragen und die Angaben in der Tabelle:

Altersangabe	*Adjektiv + Substantiv*	v/ve *+ Lokativ*	*Nebensatz mit* když	od/do *+ Genitiv*
Kolik mu/jí je?[1]	… (muž, žena, dítě)	Kdy? V kolika (letech)?		Odkdy dokdy? Od kolika do kolika (let)?
Je mu/jí jeden rok.	roční	v jednom roce	když mu/jí byl jeden rok[1]	od/do jednoho roku
Jsou mu/jí dva roky.	dvouletý/á/é	ve dvou letech	když mu/jí byly dva roky	od/do dvou let
Jsou mu/jí tři roky.	tříletý/á/é	ve třech letech	když mu/jí byly tři roky	od/do tří let
Jsou mu/jí čtyři roky.	čtyřletý/á/é	ve čtyřech letech	když mu/jí byly čtyři roky	od/do čtyř let
Je mu/jí pět let.	pětiletý/á/é	v pěti letech	když mu/jí bylo pět let	od/do pěti let
Je mu/jí šest let.	šestiletý/á/é	v šesti letech	když mu/jí bylo šest let	od/do šesti let
Je mu/jí sedm let.	sedmiletý/á/é	v sedmi letech	když mu/jí bylo sedm let	od/do sedmi let
Je mu/jí osm let.	osmiletý/á/é	v osmi letech	když mu/jí bylo osm let	od/do osmi let
Je mu/jí devět let.	devítiletý/á/é	v devíti letech	když mu/jí bylo devět let	od/do devíti let
Je mu/jí deset let.	desetiletý/á/é	v deseti letech	když mu/jí bylo deset let	od/do deseti let

[1] *Die Pronomen* mu/jí *stehen hier als Beispiel, man kann natürlich auch andere Personen im Dativ nennen, z.B.:* Kolik vám je? Kolik ti je? – Je mi… Kdy? V kolika letech? – Když mi byl jeden rok. *usw.*

12.2 Direkte und indirekte Rede

1. Direkte Rede
Martin říká: „Nastoupil jsem do školy, když mi bylo pět." Martin sagt: „Ich bin in die Schule gekommen, als ich fünf war."
„Nastoupil jsem do školy, když mi bylo pět," říká Martin. „Ich bin in die Schule gekommen, als ich fünf war", sagt Martin.

Die direkte Rede ist die wörtliche Wiedergabe dessen, was jemand sagt oder gesagt hat. Es können ein oder mehrere Sätze sein, die von Anführungszeichen umschlossen sind. Zu Beginn der direkten Rede steht wie im Deutschen das Anführungszeichen unten, am Ende der direkten

Rede steht das Anführungszeichen oben. Die direkte Rede kann einen Begleitsatz haben. Wenn der Begleitsatz vor der direkten Rede steht, folgt ein Doppelpunkt nach dem Begleitsatz. Steht der Begleitsatz nach der direkten Rede, steht das Komma anders als im Deutschen vor dem oberen Anführungszeichen.

2. Indirekte Rede

Martin říká, že nastoupil do školy, když mu bylo pět. Martin sagt, dass er in die Schule gekommen ist, als er fünf war.
Zdena říká, že chtěla motivovat studenty pro školní běh, tak běžela s nimi. Zdena sagt, dass sie ihre Schüler zu dem Schulrennen motivieren wollte und deshalb mit ihnen gelaufen ist.

In der indirekten Rede wird wiedergegeben, was jemand sagt oder gesagt hat. Wie im Deutschen wird die indirekte Rede in einem Nebensatz ausgedrückt, der durch ein Komma angeschlossen und oft mit der Konjunktion že dass *eingeleitet wird. In der indirekten Rede ändern sich gegenüber der direkten Rede das Verb (die Person) und die Pronomen. Vergleichen Sie:*
Martin říká: „Nastoupil jsem do školy, když mi bylo pět."
Martin říká, že nastoupil do školy, když mu bylo pět.

■ *12.3 Konjunktionen und satzverbindende Ausdrücke*

Im Lehrbuch auf S. 39 sehen Sie diese Konjunktionen und satzverbindenden Ausdrücke:

a	**V jednom roce Martin říkal celé věty a ve čtyřech letech uměl číst.** Mit einem Jahr hat Martin ganze Sätze gesagt und mit vier Jahren konnte er lesen.
aby	**Zdena běžela školní běh se studenty, aby je motivovala.** Zdena ist das Schulrennen mit ihren Schülern gelaufen, um sie zu motivieren.
ale	**Martina baví hlavně matematika a fyzika, ale je nadaný také hudebně.** Mathematik und Physik machen Martin am meisten Spaß, aber er ist auch musikalisch begabt.
až	**Až Martin vyroste, bude možná astrofyzik.** Wenn Martin groß ist, wird er vielleicht Astrophysiker.
i když	**I když Martin vypadá jako normální osmiletý kluk, je jiný než ostatní děti.** Auch wenn Martin aussieht wie ein normaler achtjähriger Junge, ist er anders als andere Kinder.
jak	**Zdena pomáhá a radí seniorům, jak zůstat aktivní.** Zdena hilft Senioren und berät sie, wie sie aktiv bleiben können.
jakmile	**Jakmile Martin promluví, je jasné, že je jiný než ostatní děti.** Sobald Martin anfängt zu sprechen, ist klar, dass er anders ist als andere Kinder.
jestli	**Martin ještě neví, jestli chce být virtuos, nebo astrofyzik.** Martin weiß noch nicht, ob er Virtuose oder Astrophysiker werden möchte.
kde	**Martin nastoupil do školy, kde má individuální vzdělávací plán.** Martin ist in die Schule gekommen, wo er einen individuellen Unterrichtsplan hat.
kdyby	**Kdyby Zdena nechtěla motivovat studenty, nezačala by běhat.** Wenn Zdena ihre Schüler nicht hätte motivieren wollen, hätte sie nicht angefangen zu laufen.
když	**Martin nastoupil do školy, když mu bylo pět.** Martin ist in die Schule gekommen, als er fünf war.
který	**Zdena je sedmdesátiletá paní, která má na svůj věk neobvyklý koníček.** Zdena ist eine siebzigjährige Frau, die für ihr Alter ein ungewöhnliches Hobby hat.
nebo	**Martin ještě neví, jestli chce být virtuos, nebo astrofyzik.** Martin weiß noch nicht, ob er Virtuose oder Astrophysiker werden möchte.
proto, a proto	**Vyhrávat medaile jí nestačilo, a proto založila nadaci.** Eine Medaillen zu gewinnen, hat ihr nicht gereicht, und deshalb hat sie eine Stiftung gegründet.
protože	**Protože Zdeně běhání šlo, začala trénovat a jezdit na závody.** Da Zdena gut im Laufen war, fing sie an zu trainieren und an Rennen teilzunehmen.
tak, a tak	**Zdena chtěla motivovat studenty pro školní běh, tak běžela s nimi.** Zdena wollte ihre Schüler zu dem Schulrennen motivieren, also (deshalb) ist sie mit ihnen gelaufen.
že	**Zdena říká, že chtěla motivovat studenty pro školní běh.** Zdena sagt, dass sie ihre Schüler zu dem Schulrennen motivieren wollte.

12.4 Ausdrücke für Jugendliche

Vergleichen Sie die Ausdrücke für Jugendliche:
dospívající, *Pl.* **dospívající** – *Dieser Ausdruck ist ganz neutral, er wird wie ein Adjektiv dekliniert (Musteradjektiv* moderní*).*
teenager, **teenagerka** *(lies* týnejdžr, týnejdžerka*), Pl.* **teenageři** *(lies* týnejdžři*) – Wie im Deutschen wurde dieser Ausdruck aus dem Englischen übernommen und wird in letzter Zeit hauptsächlich in Medien benutzt.*
puberťák, **puberťačka**, *Pl.* **puberťáci** – *Dies ist ein Ausdruck aus der Alltagssprache, der meist negativ gefärbt ist.*
mládež Jugend, **dorost** Jugend, Nachwuchs – *Beide Ausdrücke werden in formellen Situationen und in der Fachsprache benutzt.*

12.5 Lokativ Plural

Im Lehrbuch auf S. 41 sehen Sie:
Mladí lidé a dospělí mluví o kamarádech, o filmech, o učitelích, o partnerkách nebo o autech. Junge Leute und Erwachsene sprechen über Freunde, Filme, Lehrer, Partnerinnen oder über Autos.

In der folgenden Tabelle sehen Sie alle Mustersubstantive im Lokativ Plural:

Beispielsatz	*Pronomen*[1]			*Adjektive*[2]		*Substantive*[3]		
	kdo, co	ten, ta, to	můj, moje	*ý-Adjektive Adjektive mit der Endung -ý im Nom. Sg.*	*í-Adjektive Adjektive mit der Endung -í im Nom. Sg.*	*1. Deklinationsgruppe Ma/Mi-Substantive, die im Nom. Sg. auf einen Konsonanten ohne Häkchen enden, F mit der Endung -a und N mit der Endung -o*	*2. Deklinationsgruppe Substantive, die im Nom. Sg. auf einen Konsonanten mit Häkchen oder auf -e/-ě, -c, -j, -tel enden*	*3. Deklinationsgruppe Ma-Substantive, die im Nom. Sg. auf -a enden, F mit der Endung -st und N mit der Endung -í*
Mluvím o… Byl jsem v/na…	kom? čem?	těch těch těch těch	mých mých mých mých	nových nových nových nových	moderních moderních moderních moderních	dokto**rech** obcho**dech** škol**ách** kin**ech**	léka**řích** počíta**čích** restaura**cích**, kancelá**řích** letiš**tích**	kole**zích**, turis**tech** --- místnos**tech** nádra**žích**

[1] *Ebenso wie die Demonstrativpronomen* ten, ta, to *werden auch die Pronomen* tento, tato, toto dieser, diese, dieses *und* tenhle, tahle, tohle dieser, diese, dieses *dekliniert, z.B. im Lokativ Plural:* těch, těchto, těchhle.
[2] *In der traditionellen tschechischen Grammatikterminologie werden die ý-Adjektive als harte und die í-Adjektive als weiche Adjektive bezeichnet.*
[3] *In der traditionellen tschechischen Grammatikterminologie werden die Substantive der 1. Deklinationsgruppe als harte und die Substantive der 2. Deklinationsgruppe als weiche Substantive bezeichnet. Für die Substantive der 3. Deklinationsgruppe gibt es keine zusammenfassende Bezeichnung.*
Ma-Substantive, die auf -e *enden, z.B.* průvodce Reiseführer, *werden außer im Vokativ Singular nach dem Muster* lékař *dekliniert, z.B. im Lokativ Plural:* průvodcích.
Einige Ma- und Mi-Substantive, die auf -l *oder* -z *enden, z.B.* král König, Francouz Franzose, *gehören zur 2. Deklinationsgruppe und werden nach dem Muster* lékař *bzw.* počítač *dekliniert, z.B. im Lokativ Plural:* králích, Francouzích.
Einige Mi-Substantive, die auf -tel *enden, z.B.* hotel Hotel, kostel Kirche *sind Ausnahmen. Sie gehören zur 1. Deklinationsgruppe (Mustersubstantiv* obchod*), aber im Lokativ Plural haben sie auch die Endungen des Mustersubstantivs* počítač *aus der 2. Deklinationsgruppe:* hotelech *und* hotelích, kostelech *und* kostelích.
Bei Ma-, Mi- und N-Substantiven, deren Wortstamm auf den Konsonanten h, ch, k *oder* g *endet, kommt es im Lokativ Plural zu einer Konsonantenänderung (Palatalisierung), z.B.:* pstruh > pstruzích, Čech > Češích, králík > králících, vlak > vlacích, jablko > jablcích *(auch* jablkách*),* kolega > kolezích. *In der Alltagssprache allerdings kommt es im Lokativ Plural oft nicht mehr zu dieser Änderung, Sie hören z.B. auch:* pstruhách.
F-Substantive, die auf -el *oder* -ev *enden, z.B.* postel Bett *oder* láhev Flasche, *gehören zur 2. Deklinationsgruppe und werden nach dem Muster* kancelář *dekliniert, z.B. im Lokativ Plural:* postelích, láhvích.
Einige F-Substantive, die auf einen Konsonanten enden, z.B. nemoc Krankheit, *können in der Deklination die Endungen der 2. Deklinationsgruppe (Mustersubstantiv* kancelář*) und auch der 3. Deklinationsgruppe (Mustersubstantiv* místnost*) haben, z.B. im Lokativ Plural:* nemocích *und* nemocech.
N-Substantive, die auf -um *enden, z.B.* centrum Zentrum, *verlieren bei der Deklination die Endung* -um, *z.B. im Lokativ Plural:* centrech.
N-Substantive, die auf -e/-ě *enden und Jungtiere bezeichnen, z.B.* kuře Hähnchen, štěně Welpe, kotě Kätzchen, *sowie die Substantive* zvíře Tier, prase Schwein, morče Meerschweinchen, rajče Tomate *haben eine besondere Deklination. Das Mustersubstantiv ist* kuře, *z.B. im Lokativ Plural:* kuřatech.

Beachten Sie:
Bei einigen Substantiven kommt es bei den deklinierten Formen zu einer Änderung im Wortstamm: Das mobile -e- fällt weg oder es gibt den Vokalwechsel ů > o, *z.B. im Lokativ Plural:* pes > psech, dům > domech.
Einige Substantive haben unregelmäßige Formen, z.B. im Lokativ Plural: oko > očích, ucho > uších, dítě > dětech, člověk > lidech, peníze > penězích.

Merken Sie sich einige Verben mit der Präposition o, *nach der der Lokativ steht:*
mluvit o sprechen über/von
povídat si/popovídat si o sich unterhalten über
vyprávět o erzählen von
bavit se/pobavit se o sich unterhalten über
říkat/říct o erzählen von
slyšet o hören über/von
číst* (si)/přečíst* (si) o lesen über/von

Die Deklinationstabelle mit allen Pluralformen finden Sie auf S. 84.

12.6 Chodit do školy × chodit na školu

Die Präpositionen do *und* ve (do školy, ve škole) *werden nicht nur zur Bestimmung von Orten benutzt* (Každý den chodím do školy. Jeden Tag gehe ich zur Schule. Dneska jsem nebyl ve škole. Heute war ich nicht in der Schule.)*, sondern auch, wenn man ein konkretes Gebäude meint, in das man hineingeht bzw. in dem sich etwas befindet.* (Vešel jsem do školy. Ich bin in das Schulgebäude hineingegangen. Ve škole máme nové počítače. In der Schule haben wir neue Computer.)
Die Präposition na (na školu, na škole) *wird benutzt, wenn man eine Institution meint, hier z.B. die Schule als Institution* (Chodím na základní/střední školu. Ich gehe auf die Grundschule/Mittelschule[1]. Studuju na střední/vysoké škole. Ich gehe auf die Mittelschule. / Ich studiere an einer Hochschule.

Die Präposition na *wird auch für andere Schultypen benutzt, z.B.:* chodit na gymnázium/na učiliště/na univerzitu[1], studovat na gymnáziu/na učilišti/na univerzitě. *Beim Kindergarten allerdings verwendet man nur die Präpositionen* do *und* ve: chodit do mateřské školy/do školky, být v mateřské škole/ve školce.
[1] *Informationen zum Schul- und Ausbildungssystem in Tschechien finden Sie unter Punkt 12.8.*

12.7 In der Alltagssprache über die Schule sprechen

Wenn Sie mit Kollegen oder Freunden über die Schule sprechen, können Sie Ausdrücke aus der Alltagssprache oder einem Dialekt hören. Vergleichen Sie:
základní škola – **základka** Grundschule
střední odborné učiliště – **učňák** Berufsschule
gymnázium – **gympl** Gymnasium
vysoká škola – **vysoká, vejška/výška** Hochschule/Universität
vyšší odborná škola – **voška** Höhere Fachschule
maturita – **matura** Abitur
přijímací zkoušky – **přijímačky** Aufnahmeprüfungen
státní zkoušky – **státnice** Staatsexamen

Diese Ausdrücke aus der Alltagssprache werden im Kontext Schule/Hochschule sehr häufig benutzt. Schüler und Studenten verwenden gern noch weitere Ausdrücke, z.B. für eine Lehrerin oder den Schulleiter (učitelka – úča, ředitel – říďa)*, für Schulfächer* (dějepis – děják, angličtina – anglina, ájina)*, für Noten* (pětka – koule) *oder für verschiedene Hochschulen* (filozofická fakulta – filda, pedagogická fakulta – peďák, pajdák).

12.8 Das Schul- und Ausbildungssystem in Tschechien

*Kinderkrippe, Kindergarten (***jesle, mateřská škola = školka***)*
In Kinderkrippen werden Kinder bis 3 Jahren betreut, in Kindergärten gehen Kinder ab 2–3 Jahren und bleiben dort, bis sie 6 Jahre alt sind.

*Grundschule (***základní škola, ZŠ***)*
*Der Besuch der neunjährigen Grundschule ist Pflicht. Die Grundschule teilt sich in zwei Stufen: Von der 1.–5. Klasse sind die Kinder (6–11 Jahre) in der Primarstufe (***první stupeň***), von der 6.–9. Klasse besuchen die Kinder (11–15 Jahre) die Sekundarstufe (***druhý stupeň***).*

*Mittelschule (***střední škola, SŠ***)*
Es gibt drei Arten von Mittelschulen:
*a) Die allgemeine Mittelschule, d.h. das Gymnasium (***gymnázium***) bereitet die Schüler auf ein Hochschulstudium vor. Neben vierjährigen Gymnasien, auf die Schüler nach der Abschluss der Grundschule, d.h. mit 15 Jahren kommen, gibt es auch achtjährige Gymnasien, auf die Schüler nach der ersten Stufe der Grundschule, d.h. mit 11 Jahren wechseln, sowie sechsjährige Gymnasien, die Schüler nach der 7. Klasse der Grundschule, d.h. mit 13 Jahren besuchen. Um auf ein Gymnasium zu kommen, muss man in der Regel eine Aufnahmeprüfung (***přijímací zkoušky***) machen. Nach insgesamt 13 Schuljahren beenden die Schüler das Gymnasium mit dem Abitur (***maturitní zkouška***,* ***maturita***).*
*b) Die Fachmittelschulen (***střední odborná škola, SOŠ***) bereiten die Schüler auf die Ausübung eines Berufes vor. Es gibt viele verschiedene Fachrichtungen z.B. für Wirtschaft die Handelsakademien (***obchodní akademie***), Schulen für medizinische Berufe, für industrielle Berufe (Maschinenbau, Bauwesen, Chemie usw.), für landwirtschaftliche, pädagogische oder künstlerische Berufe. An einigen Fachmittelschulen muss man eine Aufnahmeprüfung machen. Nach 4 Jahren Fachmittelschule machen die Schüler ein Fachabitur.*
*c) Die Berufsschulen (***střední odborné učiliště***,* ***SOU***) bereiten die Schüler zumeist auf einen handwerklichen Beruf (z.B. Elektriker, KFZ-Mechaniker, Lackierer, Schweißer, Koch, Kellner, Verkäufer, Friseur usw.) vor. Die Ausbildung an einer Berufsschule dauert zwei oder drei Jahre und wird mit einer Abschlussprüfung und einem Lehrbrief (***výuční list***) beendet.*

*Höhere Fachschule (***vyšší odborná škola, VOŠ***)*
*Eine Höhere Fachschule schließt an die Mittelschule an und ermöglicht eine höhere berufliche Qualifikation in einem bestimmten Fachbereich. Um an einer Höheren Fachschule studieren zu können, muss man eine Abiturprüfung (meist ist es das Fachabitur an einer Fachmittelschule) abgelegt und eine Aufnahmeprüfung bestanden haben. Die Ausbildung dauert in der Regel drei Jahre und endet mit dem Absolutorium. Hierbei werden berufsspezifische Fächer und eine Fremdsprache geprüft und der Kandidat muss seine Absolventenarbeit verteidigen. Absolventen von Höheren Fachschulen erhalten den (nicht akademischen) Titel Diplomierter Spezialist (***diplomovaný specialista***,* ***DiS***).*

*Hochschule (**vysoká škola, VŠ**)*
*Um an einer Hochschule studieren zu können, muss man eine Abiturprüfung (das allgemeine Abitur an einem Gymnasium oder das Fachabitur an einer Fachmittelschule) abgelegt und in der Regel auch eine Aufnahmeprüfung bestanden haben. Das Studium beginnt zunächst mit dem Bachelorstudium (**bakalářské studium**), das 3–4 Jahre dauert und mit einer staatlichen Abschlussprüfung (**státní závěrečná zkouška**) endet, bei der auch die Bachelorarbeit verteidigt werden muss. Die Absolventen erhalten den akademischen Titel Bachelor (**bakalář, Bc.**). Anschließend können sie sich für das Masterstudium (**magisterské studium**) bewerben, das 1–3 Jahre dauert und mit einer staatlichen Abschlussprüfung endet, bei der auch die Diplomarbeit (**diplomová práce**) verteidigt werden muss. Die Absolventen erhalten einen akademischen Titel, z.B.: Magister für Pädagogen (**magistr, Mgr.**), Ingenieur für wirtschaftliche und technische Studiengänge (**inženýr, Ing.**), Doktor der Medizin (**doktor medicíny, MUDr.**) oder bei Juristen nach dem Rigorosum Doktor der Rechte (**doktor práv, JUDr.**).*

*Nach dem Masterstudium kann man sich um ein Promotionsstudium (**doktorské studium**) bewerben, das 3–4 Jahre dauert und sich auf wissenschaftliche Forschung und selbstständige kreative Tätigkeit in den Bereichen Forschung, Entwicklung oder Kunst konzentriert. Das Doktorstudium wird mit einer staatlichen Doktorprüfung beendet, bei der auch die Dissertation (**disertační práce**) verteidigt werden muss. Die Absolventen erhalten den Titel Doktor (**doktor, Ph.D.**).*

Staatliche Kinderkrippen und Kindergärten sind in Tschechien gebührenpflichtig. An staatlichen Schulen und Hochschulen zahlt man in Tschechien kein Schulgeld und keine Studiengebühren. Die einzige Ausnahme sind die Höheren Fachschulen, an denen ein Schulgeld erhoben wird. Private Schulen und Hochschulen erheben selbstverständlich Gebühren.

12.9 Traditionen, Bräuche und Konventionen

Wie spricht man Lehrkräfte an Sprachschulen und an Grund-, Mittel- und Hochschulen an?
An Sprachschulen werden Lehrkräfte normalerweise mit dem Vornamen angesprochen. An Grund-, Mittel- und Hochschulen wird in der Anrede nur die Funktion bzw. der Titel und nicht der Name genannt.
Beachten Sie, dass man an Mittelschulen die Lehrkräfte "Professoren/Professorinnen" nennt. Das entspricht dem Sprachgebrauch in Tschechien, nach dem Schüler von Mittelschulen keine „Schüler/Schülerinnen" mehr sind, sondern „Studenten/Studentinnen", die an der Mittelschule „studieren".

An der Grundschule:
Pane učiteli! Paní učitelko! Herr Lehrer! Frau Lehrerin!
Pane řediteli! Paní ředitelko! Herr Direktor! Frau Direktorin!

An der Mittelschule:
Pane profesore! Paní profesorko! Herr Professor! Frau Professorin!
Pane řediteli! Paní ředitelko! Herr Direktor! Frau Direktorin!

An Hochschulen und Universitäten werden Lehrkräfte mit ihrem akademischen Titel angesprochen:
Pane magistře! Paní magistro! Herr Magister! Frau Magister! *(Titel von Lehrpersonen mit einem Magister-/Masterabschluss)*
Pane inženýre! Paní inženýrko! Herr Ingenieur! Frau Ingenieurin! *(Titel von Wirtschaftswissenschaftlern oder bei technischen Studiengängen)*
Pane doktore! Paní doktorko! Herr Doktor! Frau Doktor!
Pane docente! Paní docentko! Herr Dozent! Frau Dozentin!
Pane profesore! Paní profesorko! Herr Professor! Frau Professorin!

Ärzte und Lehrkräfte an Universitäten sprechen sich untereinander oft auch mit pane kolego! paní kolegyně! Herr Kollege! Frau Kollegin! *an, z.B. in Diskussionen bei Vorträgen oder Konferenzen.*

Beachten Sie, dass die Titel und Funktionen in der Anrede immer in Verbindung mit pane *oder* paní *genannt werden. Also immer* pane doktore! paní doktorko! *und nie* doktore! doktorko!

Wortschatz zu Lektion 12

Die Aufnahmen zum Wortschatz der Lektion 12 finden Sie online unter www.czechstepbystep.cz, Track 75–81.

• ***Seite 38*** *(Track 75)*

astrofyzik	Astrophysiker
běh	Rennen, Lauf
běhání	Laufen, Joggen
fyzika	Physik
housle *nur Pl.*	Geige
houslový	Geigen- (+ Subst.)
hudebně	musikalisch (Adv.)
individuální vzdělávací plán	individueller Unterrichtsplan
jakmile	sobald
jasný	klar
jogging *(lies:* džogink*)*	Joggen
maraton	Marathon
medaile	Medaille
mezinárodní	international
motivovat + *A*	motivieren
na svůj věk	für sein/ihr Alter
nadace	Stiftung
nadaný	begabt
obyčejný	gewöhnlich
osmiletý	achtjährig
promluvit *pf.*	sprechen
sedmdesátiletý	siebzigjährig
senior	Senior
seniorský	Senioren- (+ Subst.)
stačit + *N, D*	ausreichen, genügen
světový	Welt- (+ Subst.)
šampionka	Meisterin
školní	Schul- (+ Subst.)
teprve	erst
trénovat	trainieren
věk	Alter (Lebenszeit)
virtuos	Virtuose
výjimečný	außergewöhnlich, besonders
vzdělávací	Unterrichts-, Fortbildungs- (+ Subst.)
závod	Rennen, Wettkampf
zůstat*, zůstanu *pf.*	bleiben

Má na svůj věk neobvyklý koníček.	Sie (Er) hat ein für ihr (sein) Alter ungewöhnliches Hobby.
Když mi bylo pět (let), …	Als ich fünf (Jahre alt) war, …
Kolik ti je? – Je mi osm (let).	Wie alt bist du? – Ich bin acht (Jahre alt).
Kolik vám je? – Je mi sedmdesát (let).	Wie alt sind Sie? – Ich bin 70 (Jahre alt).
V jednom roce…	Mit einem Jahr …
Ve dvou/třech/čtyřech letech…	Mit zwei/drei/vier Jahren …

• ***Seite 39*** *(Track 76)*

až	wenn, bis
dostudovat *pf.*	die Schule / das Studium beenden
fyzik	Physiker
handicapovaný, člověk/dítě s handicapem	behindert, Behinderter / behindertes Kind
houslista	Violinist, Geiger
klavír	Klavier
matematik	Mathematiker
stát* se, stanu se *pf.* + *I*	werden, passieren

• ***Seite 40*** *(Track 77)*

být v důchodu	in Rente sein
být v pubertě	in der Pubertät sein
dělat kariéru	Karriere machen
dětství	Kindheit
dospělý	Erwachsener, erwachsen
dospívající	Jugendlicher, Jugendliche
etapa	Etappe, Phase
kariéra	Karriere
maturita, matura *ugs.*	Abitur
maturovat	Abitur machen
narodit se *pf.*	geboren werden
partnerka	Partnerin
promovat	einen akademischen Titel bekommen
puberta	Pubertät
stáří	Alter (letzter Lebensabschnitt)
státní	staatlich, Staats- (+ Subst.)
státní zkouška, státnice *ugs.*	Staatsprüfung, Examen
střední	Mittel- (+ Subst.)
střední škola	Mittelschule (Klasse 10-13, führt zum Abitur)
svatba	Hochzeit
umřít*, umřu *pf.*	sterben
věková skupina	Altersgruppe
věkový	Alters- (+ Subst.)
vnouče, vnoučata *N Pl., A Pl.*	Enkel
vydělávat + *A*	(Geld) verdienen
vychovávat + *A*	erziehen
vysoká škola, vysoká *ugs.*, vejška/výška *ugs.*	Hochschule, Universität
vysoký	hoch
základní	Grund- (+ Subst.)
základní škola, základka *ugs.*	Grundschule
zkouška (státní zkouška)	Prüfung (Staatsprüfung)

Až budu v důchodu, budu…	Wenn ich in Rente bin, werde ich …
Brzy budu mít svatbu.	Bald heirate ich.
Měl/a jsem svatbu v roce…	Ich habe (im Jahr) … geheiratet.
Narodil/a jsem se v roce…	Ich bin (im Jahr) … geboren.
Od … do … jsem chodil/a na základní/střední/vysokou školu.	Von … bis … bin ich auf die Grundschule/Mittelschule/Hochschule gegangen.
Teď chodím do práce a vydělávám peníze.	Jetzt gehe ich arbeiten und verdiene Geld.

• ***Seite 41*** *(Track 78)*

evropský	europäisch
komentář	Kommentar
motorka	Motorrad
počasí	Wetter
počítačový	Computer- (+ Subst.)
politický	politisch

slavný	berühmt
studium	Studium
tradice	Tradition
známý	Bekannter, bekannt
Někdy mluvím o…	Manchmal spreche ich über …
Nikdy nemluvím o…	Ich spreche nie über …
O čem mluvíte s rodinou, dětmi, partnerem/partnerkou, kamarády, kolegy nebo známými?	Worüber sprechen Sie mit Ihrer Familie, Ihren Kindern, Ihrem Partner / Ihrer Partnerin, Ihren Freunden, Kollegen oder Bekannten?

• ***Seite 42*** *(Track 79)*

absolvent	Absolvent
bakalář	Bachelor
bakalářský	Bachelor- (+ Subst.)
bakalářský program	Bachelor-Studium
diplomovaný specialista	diplomierter Spezialist
docházka	Anwesenheit, Teilnahme
druhý stupeň (základní školy)	Sekundarstufe (Grundschule, Klasse 6-9)
gymnázium, gymnázia *G Sg., N Pl., A Pl.*, gympl *ugs.*	Gymnasium
informatika	Informatik
inženýr	Ingenieur (Titel)
kroužek	AG (an der Schule)
magisterský	Master- (+ Subst.)
magisterský program	Master-Studium
magistr	Master, Magister (Titel)
mateřská škola, školka *ugs.*	Kindergarten
medicína	Medizin
mít maturitu	Abitur haben
odborný	Fach- (+ Subst.)
povinná školní docházka	Schulpflicht
povinný	verpflichtend, Pflicht- (+ Subst.)
první stupeň (základní školy)	Primarstufe (Grundschule, Klasse 1-5)
první třída	die erste Klasse
přijímací zkouška, přijímačky *ugs., nur Pl.*	Aufnahmeprüfung
střední odborná škola	Fachmittelschule (Klasse 10-13, Abschluss Fachabitur)
střední odborné učiliště, učňák *ugs.*	Berufsschule (Klasse 10-12, Berufsschulabschluss)
stupeň	Stufe
systém	System
školní docházka	Schulbesuch
školství	Schulwesen
titul	(akademischer) Titel
třída	Klasse
typ	Art, Typ
učiliště, učňák *ugs.*	Berufsschule
většinou	meistens
vyšší odborná škola, voška *ugs.*	höhere Fachschule
výuční list	Berufsschulabschluss, Lehrbrief
zaměřený	ausgerichtet
získat *pf.* + *A*	bekommen, erlangen
Chodil/a jsem do první třídy.	Ich bin in die erste Klasse gegangen.
Chodil/a jsem na základní/střední/vysokou školu.	Ich bin auf die Grundschule/Mittelschule/Hochschule gegangen.

• ***Seite 43*** *(Track 80)*

dějepis	Geschichte (Schulfach)
gympl *ugs.*, gymnázium	Gymnasium
chemie	Chemie
ideální	ideal
ideální pár	ein ideales Paar
lavice	Bank (zum Sitzen)
pamatovat si + *A*	sich erinnern, sich (etwas) merken
plně	voll (Adv.)
rozvrh	Stundenplan
sedět	sitzen
soustředit se *pf.* na + *A*	sich konzentrieren
teda *ugs.*, tedy	also
uklidnit *pf.* + *A*	beruhigen
vážně	ernst (Adv.)
vysoká *ugs.*, vysoká škola	Hochschule, Universität
vzpomínat na + *A*	(sich) erinnern
základka *ugs.*, základní škola	Grundschule
známka	hier: Note (in der Schule)
Fakt?	Echt?
Měli jsme oči jenom pro sebe.	Wir hatten nur Augen füreinander.
No, já si to teda pamatuju trochu jinak.	Na, also ich erinnere mich ein bisschen anders daran.
To nás uklidnilo.	Das hat uns beruhigt.

• ***Ausgewählte unvollendete/vollendete Verben*** *(Track 81)*

maturovat/odmaturovat *coll.*	Abitur machen
pamatovat si/zapamatovat si	sich erinnern, sich (etwas) merken
promovat/odpromovat *coll.*	einen akademischen Titel bekommen
rodit se/narodit se	geboren werden
soustřeďovat se/soustředit se	sich konzentrieren
stávat se/stát se	werden, passieren
uklízet/uklidnit	beruhigen
umírat/umřít	sterben
vydělávat/vydělat	(Geld) verdienen
vychovávat/vychovat	erziehen
vzpomínat/vzpomenout	(sich) erinnern
získávat/získat	bekommen, erlangen
zůstávat/zůstat	bleiben

Anhang zu Lektion 13

■ *13.1 Die Reflexivpronomen* se *und* si

Einige Verben werden mit den Reflexivpronomen se *oder* si *benutzt. Dabei unterscheidet man wie im Deutschen zwischen Verben, die ein obligatorisches Reflexivpronomen haben, und solchen, die mit oder ohne Reflexivpronomen gebraucht werden können (fakultatives Reflexivpronomen). Außerdem gibt es im Tschechischen das reflexive Passiv mit einem Verb in der 3. Person Singular oder Plural und dem Reflexivpronomen* se.

1. Verben mit dem obligatorischen Reflexivpronomen se *oder* si
Češi se stravují zdravě. Tschechen ernähren sich gesund.
Lidé si často dávají velké porce jídla. Die Leute essen oft große Portionen. *(wörtlich: geben sich)*
Das obligatorische Reflexivpronomen se *oder* si *(*neoddělitelné reflexivní se a si*) ist fester Bestandteil des Verbs, d.h. das Verb existiert in dieser Bedeutung nur in Verbindung mit dem Reflexivpronomen. Im Wörterbuch ist das Verb immer mit dem Reflexivpronomen aufgeführt, z.B.:* stravovat se sich ernähren, zajímat se o *(+ Akk.)* sich interessieren für, vyhýbat se/vyhnout se *(+ Dat.)* ausweichen/vermeiden, jmenovat se heißen, dávat si/dát si (Essen) nehmen.

Vorsicht: Wenn Sie diese Verben ohne das Reflexivpronomen se *bzw.* si *benutzen, ist es entweder grammatisch falsch, z.B.:* ~~Jmenuju Adam~~*, oder das Verb bekommt eine andere Bedeutung, z.B.:* Dávám dort (někomu). Ich gebe (jemandem) eine Torte.

2. Verben mit dem fakultativen Reflexivpronomen se *oder* si
Diese Verben können mit oder ohne Reflexivpronomen gebraucht werden. Das fakultative Reflexivpronomen se *oder* si *(*oddělitelné reflexivní se a si*) kann als Akkusativobjekt (*se*) bzw. Dativobjekt (*si*) bei einem Verb stehen. Das Reflexivpronomen bezeichnet hier:*
a) die Reziprozität (Gegenseitigkeit) bei mindestens zwei Personen, z.B.:
Mám rád bratra. Ich mag meinen Bruder. – **Máme se rádi.** Wir mögen uns.
Psal jsem bratrovi dopisy. Ich habe meinem Bruder Briefe geschrieben. – **Psali jsme si dopisy.** Wir haben uns Briefe geschrieben.

Máme se rádi. Psali jsme si dopisy.

b) die Person, die Subjekt des Satzes ist, z.B.:
Myju nádobí. Ich wasche das Geschirr ab. – **Myju se.** Ich wasche mich.
Myju synovi vlasy/nohy. Ich wasche meinem Sohn die Haare / die Füße. – **Myju si vlasy/nohy.** Ich wasche mir die Haare / die Füße.

Myju se.

Myju si vlasy/nohy.

Beachten Sie, dass die Reflexivpronomen se *und* si *bei der Konjugation für alle Personen gleich bleiben, z.B.:* stravuju/stravuji se ich ernähre mich, stravuješ se du ernährst dich, stravuje se er/sie ernährt sich, … myju si vlasy ich wasche mir die Haare, myješ si vlasy du wäschst dir die Haare, myje si vlasy er/sie wäscht sich die Haare, …

3. Reflexives Passiv
Das Reflexivpronomen se *wird auch zur Bildung des reflexiven Passiv gebraucht. Dabei steht das Verb mit dem Reflexivpronomen* se *(nicht* si*!) in der 3. Person Singular oder Plural. Es gibt zwei Typen des reflexiven Passivs:*

a) Passiv mit Subjekt, z.B.: **V české kuchyni se používá málo zeleniny.** In der tschechischen Küche wird wenig Gemüse verwendet.
b) Passiv ohne Subjekt, z.B.: **Říká se, že jsme to, co jíme.** Es wird gesagt, dass man das ist, was man isst.

Die Reflexivpronomen se *und* si *stehen im Satz immer an der zweiten Position.*

13.2 Genitiv Plural

Im Lehrbuch auf S. 47 sehen Sie:

Češi pijí moc sladkých nápojů. Tschechen trinken (zu) viel süße Getränke.
Většina Čechů miluje českou kuchyni. Die meisten Tschechen lieben tschechische Küche.
To znamená, že konzumují hodně tučného masa, uzenin a také příloh, hlavně knedlíků. Das heißt, sie essen viel fettes Fleisch, Wurstwaren/Rauchfleisch und auch Beilagen, vor allem Knödel.

In der folgenden Tabelle sehen Sie alle Mustersubstantive im Genitiv Plural:

Beispielsatz	*Pronomen*[1]			*Adjektive*[2]		*Substantive*[3]		
	kdo, co	ten, ta, to	můj, moje	*ý-Adjektive Adjektive mit der Endung -ý im Nom. Sg.*	*í-Adjektive Adjektive mit der Endung -í im Nom. Sg.*	*1. Deklinationsgruppe Ma/Mi-Substantive, die im Nom. Sg. auf einen Konsonanten ohne Häkchen enden, F mit der Endung -a und N mit der Endung -o*	*2. Deklinationsgruppe Substantive, die im Nom. Sg. auf einen Konsonanten mit Häkchen oder auf -e/-ě, -c, -j, -tel enden*	*3. Deklinationsgruppe Ma-Substantive, die im Nom. Sg. auf -a enden, F mit der Endung -st und N mit der Endung -í*
Byl jsem u… Chodím do/z/od…	koho? čeho?	těch těch těch těch	mých mých mých mých	nových nových nových nových	moderních moderních moderních moderních	doktorů obchodů škol, kaváren kin, divadel	lékařů počítačů restaurací, kanceláří, ulic letišť, moří	kolegů --- místností nádraží

[1] *Ebenso wie die Demonstrativpronomen ten, ta, to werden auch die Pronomen* tento, tato, toto dieser, diese, dieses *und* tenhle, tahle, tohle dieser, diese, dieses *dekliniert, z.B. im Genitiv Plural:* těch, těchto, těchhle.
[2] *In der traditionellen tschechischen Grammatikterminologie werden die ý-Adjektive als harte und die í-Adjektive als weiche Adjektive bezeichnet.*
[3] *In der traditionellen tschechischen Grammatikterminologie werden die Substantive der 1. Deklinationsgruppe als harte und die Substantive der 2. Deklinationsgruppe als weiche Substantive bezeichnet. Für die Substantive der 3. Deklinationsgruppe gibt es keine zusammenfassende Bezeichnung.*
Ma-Substantive, die auf -e *enden, z.B.* průvodce Reiseführer, *werden außer im Vokativ Singular nach dem Muster* lékař *dekliniert, z.B. im Genitiv Plural:* průvodců.
F-Substantive, die auf -el *oder* -ev *enden, z.B.* postel Bett *oder* láhev Flasche, *gehören zur 2. Deklinationsgruppe und werden nach dem Muster* kancelář *dekliniert, z.B. im Genitiv Plural:* postelí, láhví.
F- und N-Substantive aus der 1. Deklinationsgruppe, deren Wortstamm mit zwei oder mehr Konsonanten endet, haben im Genitiv Plural noch ein -e- zwischen den letzten Konsonanten, z.B.: sestra >*nicht* ~~sestr~~, *sondern* sester, okno > *nicht* ~~okn~~, *sondern* oken.
F-Substantive aus der 2. Deklinationsgruppe, die auf -ice *enden, sowie N-Substantive aus der 2. Deklinationsgruppe, die auf* -iště *enden, verlieren im Genitiv Plural die Endung* -e/-ě, *z.B.:* ulice > ulic, letiště > letišť.
N-Substantive, die auf -um *enden, z.B.* centrum Zentrum, *verlieren bei der Deklination die Endung* -um, *z.B. im Genitiv Plural:* center.
N-Substantive, die auf -e/-ě *enden und Jungtiere bezeichnen, z.B.* kuře Hähnchen, štěně Welpe, kotě Kätzchen, *sowie die Substantive* zvíře Tier, prase Schwein, morče Meerschweinchen, rajče Tomate *haben eine besondere Deklination. Das Mustersubstantiv ist* kuře, *z.B. im Genitiv Plural:* kuřat.

Beachten Sie:
Bei einigen Substantiven kommt es bei den deklinierten Formen zu einer Änderung im Wortstamm: Das mobile -e- fällt weg oder es gibt den Vokalwechsel ů > o, *z.B. im Genitiv Plural:* pes > psů, dům > domů.
Einige Substantive haben unregelmäßige Formen, z.B. im Genitiv Plural: oko > očí, ucho > uší, dítě > dětí, člověk > lidí, peníze > peněz, houba > hub.
Einige geografische Bezeichnungen und Bezeichnungen von Feiertagen, die nur im Plural existieren, verlieren im Genitiv Plural die Endung -e, *z.B.:* České Budějovice > Českých Budějovic, Krkonoše > Krkonoš, Vánoce > Vánoc, Velikonoce > Velikonoc.

Merken Sie sich einige Ausdrücke, die eine Menge bezeichnen und nach denen der sog. partitive Genitiv steht:
málo wenig
trochu ein bisschen
několik, *ugs.* **pár** einige
moc viel, zu viel
hodně viel
méně, míň weniger
více, víc mehr
většina die meisten

Mehr Informationen zu Mengenangaben finden Sie unter Punkt 13.3.

Die Deklinationstabelle mit allen Pluralformen finden Sie auf S. 84.

13.3 Partitiver Genitiv

Der partitive Genitiv steht nach Ausdrücken, die eine unbestimmte oder bestimmte Menge bezeichnen, nach Maß- und Gewichtsangaben und nach Zahlwörtern ab der Zahl 5:

a) Unbestimmte Mengenangaben, z.B.: **několik vajíček** einige Eier
moc (zu) viel, hodně viel, málo wenig, trochu ein bisschen, méně/míň weniger, více/víc mehr, většina die meisten, pár ein paar, dost genug, několik einige, kolik wie viel(e)

b) Bestimmte Mengenangaben, z.B.: **kelímek smetany** ein Becher Sahne
kelímek ein Becher, sáček ein Beutel, krabička eine Packung, láhev eine Flasche, plechovka eine Dose (für Getränke), hrnek ein Becher (= große Tasse), sklenice ein Glas, sklenička ein Glas, lžíce ein Löffel, lžička ein Teelöffel, kousek ein Stück, čtvrt/ čtvrtka ein Viertel, půl/půlka eine Hälfte

c) Maß- und Gewichtsangaben, z.B.: **dva litry vody** zwei Liter Wasser
kilogram (kilo) Kilogramm (Kilo), dekagram (deko) Dekagramm (= 10 g), gram Gramm, litr Liter, decilitr (deci) Deziliter (= 100 ml = 0,1 l), metr Meter

d) Zahlwörter ab der Zahl 5 + Genitiv Plural, z.B.: **5 brambor** 5 Kartoffeln,
pět, šest, sedm, osm…

Beachten Sie den Unterschied zwischen zählbaren und nicht zählbaren Substantiven, z.B.:
hodně knedlíků *(Genitiv Plural)* viele Knödel × hodně masa *(Genitiv Singular)* viel Fleisch

13.4 Vorsilben (Präfixe)

Im Lehrbuch auf S. 50 sehen Sie:
rozmíchat mouku ve smetaně das Mehl in/mit der Sahne verrühren
přimíchat cukr do těsta den Zucker in den Teig einrühren
Vorsilben werden oft mit Verben kombiniert und verändern so deren Bedeutung, hier z.B. bei dem Verb míchat mischen/rühren*:* rozmíchat verrühren, přimíchat dazumischen/einrühren, smíchat zusammenmischen, vmíchat einrühren. *Vergleichen Sie die Grundbedeutungen der Vorsilben in der folgenden Tabelle:*

do-	na-	nad-	ob-	od-	pod-	pro-	pře-	před-
1. ein Ziel erreichen *2. etwas beenden*	*auf, rauf*	*über, darüber*	*um, herum*	*weg, ab*	*unter, runter*	*durch*	*1. über* *2. noch einmal*	*vor*

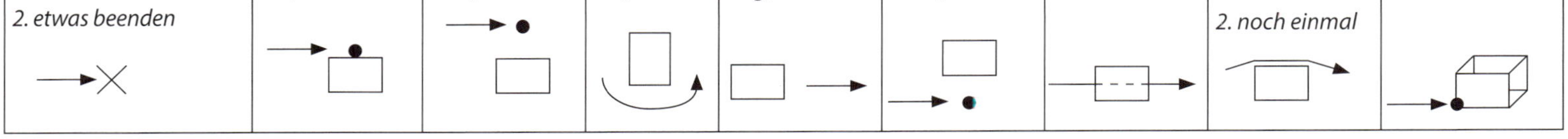

při-	roz-	s-	v-	vy-	za-
1. eine Bewegung hin zu *2. etwas hinzufügen*	*1. Beginn einer Handlung* *2. Bewegung in verschiedene Richtungen*	*1. runter* *2. zueinander*	*in, rein*	*1. hoch, nach oben* *2. aus, raus*	*1. in, rein* *2. hinter*

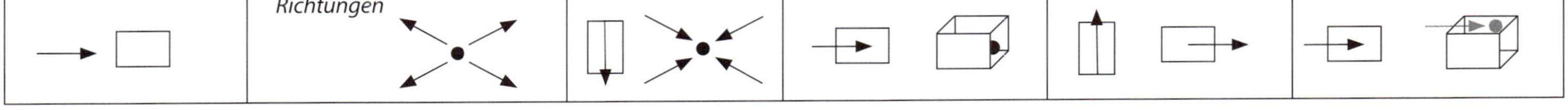

Beachten Sie: Nur die Verben jet *und* jít *können mit allen Vorsilben kombiniert werden. Bei anderen Verben passen nur einige Vorsilben, z.B. gibt es bei dem Verb* míchat *nicht die Kombinationen* ~~nadmíchat~~, ~~obmíchat~~, ~~podmíchat~~ …

13.5 Traditionen, Bräuche und Konventionen

Wenn man in einem Geschäft an der Theke (z.B. Wurst, Käse, Salate) oder auf dem Markt (Obst, Gemüse) einkauft, nennt man die Gewichtsangabe in Dekagramm bzw. in Kilogramm, z.B.: Prosím 20 deka šunky. (= 200 g) Chtěl/a bych dvě kila banánů. *Im Restaurant hören Sie die Mengenangabe bei Getränken in Dezilitern. Wenn Sie z.B. Saft oder Cola bestellen, kann der Kellner fragen:* Dvě, nebo tři deci? *oder* Do dvojky, nebo do trojky? *Er möchte wissen, ob Sie zwei oder drei Deziliter (= 0,2 l oder 0,3 l) von dem Getränk haben wollen.*

Wortschatz zu Lektion 13

Die Aufnahmen zum Wortschatz der Lektion 13 finden Sie online unter www.czechstepbystep.cz, Track 82–88.

• ***Seite 46*** *(Track 82)*

bramborový	Kartoffel- (+ Subst.)
brusinka	Preiselbeere
cibule	Zwiebel
cibulka	Zwiebel
dál, dále	weiter
dietní	Diät- (+ Subst.)
dušený	gedünstet
gratulovat + *D*	gratulieren
hlavní jídlo	Hauptgericht
houska	Brötchen, Semmel
houskový	Semmel- (+ Subst.)
chod	Mahlzeit, Gang
chutnat + *N, D*	schmecken
ingredience	Zutat
jahodový	Erdbeer- (+ Subst.)
jogurt	Joghurt
klobása	Wurst (Bratwurst, Kochwurst)
koláč	Kuchen (runde einzelne Teilchen)
kolikrát	wie oft
kousek	Stück
limonáda	Limonade
makový	Mohn- (+ Subst.)
moučník	Dessert, Mehlspeise
nakrájený	geschnitten
nálada	Laune, Stimmung
návyk	Gewohnheit
oběd	Mittagessen
ořechový	Nuss- (+ Subst.)
osmažený	geröstet, gebraten, paniert
pečený	gebacken, gebraten
předkrm	Vorspeise
příklad	Vorbild, Beispiel
rozinka	Rosine
slaný	salzig
strava	Ernährung, Verpflegung
stravovací	Ernährungs-/Ess- (+ Subst.)
stravovací návyk	Essgewohnheit
strouhaný	gerieben
sušenka	Keks
svačina	Zwischenmahlzeit, Snack, Jause
svíčková	Rinderlende, Lendenbraten mit Gemüse-Sahne-Soße
šťáva	Saft, Sirup
těstoviny *nur Pl.*	Nudeln
tučný	fett
tvaroh	Quark, Topfen
tvarohový	Quark-/Topfen- (+ Subst.)
úplně	ganz, völlig
utopenec	in Essig eingelegte Fleischwurst (wörtl. Ertrunkener)
uzenina	Wurst, Wurstwaren
vepřo knedlo zelo	Schweinefleisch mit Knödeln und Sauerkraut
vynechat *pf.* + *A*	weglassen, auslassen
zdraví	Gesundheit
zelí	Kraut, Kohl
zelná polévka, zelňačka *ugs.*	Krautsuppe, Kohlsuppe
zelný	Kraut-, Kohl- (+ Subst.)
zkusit *pf.* + *A*	versuchen, ausprobieren
zlepšit *pf.* + *A*	verbessern
Chutnal/Chutnala/Chutnalo/ Chutnaly mi…	… hat/haben mir geschmeckt.
Ještě nikdy jsem nejedl/a…	… habe ich noch nie gegessen.
Nechutnal/Nechutnala/ Nechutnalo/Nechutnaly mi…	… hat/haben mir nicht geschmeckt.
Už jsem jedl/a…	Ich habe schon … gegessen

• ***Seite 47*** *(Track 83)*

alkoholický	alkoholisch
bohužel	leider
česká kuchyně	tschechische Küche
dlouholetý	langjährig
dostatek	genügend, genug
chudý	arm
chyba	Fehler
konzumovat + *A*	konsumieren, essen
mnohem víc	viel mehr
nápoj	Getränk
nutný	notwendig
podobný	ähnlich
poradce	Berater
porce	Portion
především	vor allem
spánek	Schlaf
stále	immer noch
stravování	Ernährung, Essen, Verpflegung
stravovat se	sich ernähren, essen
styl	Stil
tuk	Fett
vyhýbat se + *D*	vermeiden
zásada	Grundregel, Grundsatz, Prinzip
životní	Lebens- (+ Subst.)
životní styl	Lebensstil
Kuchyně v/ve… je podobná jako česká.	Das Essen in … ist ähnlich wie die tschechische Küche.
Kuchyně v/ve… je úplně jiná než česká.	Das Essen in … ist ganz anders als die tschechische Küche.
Kuchyně v/ve… je zdravější než česká.	Das Essen in … ist gesünder als die tschechische Küche.
V České republice se pije pivo.	In der Tschechischen Republik / In Tschechien trinkt man Bier.
V/ve… se nejí svíčková.	In … isst man nicht Lendenbraten mit Gemüse-Sahne-Soße.

• ***Seite 48*** *(Track 84)*

dodržovat zásady	die Grundregeln einhalten
lednička	Kühlschrank
magazín	Magazin, Zeitschrift

poradkyně	Beraterin
spíž, špajz *ugs.*	Speisekammer
ulice	Straße
výživa	Ernährung
výživový	Ernährungs- (+ Subst.)
výživový poradce	Ernährungsberater
Měl/a bych jíst…	Ich sollte/müsste … essen.
Měl/a bych pít…	Ich sollte/müsste … trinken

• ***Seite 49*** *(Track 85)*

bobkový list	Lorbeerblatt
čerstvý	frisch
hladká mouka	glattes Mehl
hladký	glatt
houba	Pilz, Schwamm
hrnec	Topf
chléb, chleba, chleba *G Sg.*	Brot
chvíle	Weile, Moment
jihočeský	südböhmisch
kelímek	Becher (z.B. mit Sahne oder Joghurt)
kmín	Kümmel
kopr	Dill
kulajda	Kulajda (Suppe)
láhev	Flasche
litr	Liter
lžíce	Löffel (Esslöffel)
měkký	weich
mouka	Mehl
nakonec	zum Schluss
nakrájet *pf.* + *A*	(klein) schneiden
ocet	Essig
ochutnat *pf.* + *A*	probieren, kosten
olej	Öl
oloupaný	geschält
osmažit, usmažit *pf.* + *A*	anbraten, braten, panieren
osoba	Person
postup	Zubereitung, Verfahren
přidat *pf.* + *A*	dazugeben, hinzufügen
přilít*, přiliju *pf.* + *A*	dazugießen
rozmíchat *pf.* + *A*	verrühren
sáček	Tüte, Packung
smetana	Sahne
sůl, soli *G Sg.*	Salz
uvařit *pf.* + *A*	kochen
vajíčko	Ei
vařit + *A*	kochen
zamíchat *pf.* + *A*	umrühren, mischen
Dobrou chuť!	Guten Appetit!
Houby a cibuli nakrájíme a osmažíme.	Die Pilze und die Zwiebel(n) werden geschnitten und angebraten.
Nakonec přidáme trochu octa.	Zum Schluss gibt man noch etwas Essig dazu.
Přidáme dva litry vody a vaříme.	Man gießt zwei Liter Wasser dazu und kocht alles.
Přilijeme smetanu a zamícháme.	Man gießt die Sahne dazu und rührt um.
V kelímku smetany rozmícháme trochu mouky.	In dem Becher mit Sahne verrührt man etwas Mehl.

Seite 50 (Track 86)

dusit + *A*	dünsten, schmoren
hranolky	Pommes frites
jednoduchý	einfach, leicht
kapr	Karpfen
krájet + *A*	schneiden, zerschneiden
lít*, liju + *A*	gießen
míchat + *A*	rühren, mischen
nalít*, naliju *pf.* + *A*	gießen
omáčka	Soße
péct*, peču + *A*	backen, braten
podusit *pf.* + *A*	dünsten, schmoren
přidávat + *A*	dazugeben, hinzufügen
rozdíl	Unterschied
rýže	Reis
řízek	Schnitzel
smažený	gebraten, paniert
smažit + *A*	braten, panieren
špagety	Spaghetti
šunka	Schinken
upéct*, upeču *pf.* + *A*	backen, braten
vařený	gekocht
Dusíme/Podusíme zeleninu, maso, rýži…	Das Gemüse, das Fleisch, der Reis, … wird gedünstet.
Krájíme/Nakrájíme zeleninu, sýr, maso…	Das Gemüse, der Käse, das Fleisch, … wird geschnitten.
Lijeme/Nalijeme vodu, víno, olej…	Es wird Wasser, Wein, Öl, … dazugegossen.
Mícháme/Zamícháme polévku, omáčku, těsto…	Die Suppe, die Soße, … wird umgerührt. Der Teig wird gemischt.
Pečeme/Upečeme maso, kuře, dort…	Das Fleisch, das Hähnchen, … wird gebraten. Die Torte wird gebacken.
Přidáváme/Přidáme ocet, kmín, sůl…	Es wird Essig, Kümmel, Salz, … dazugegeben.
Smažíme/Usmažíme vajíčka, kapra, řízek…	Das Ei wird gebraten. Der Karpfen, das Schnitzel, … wird paniert und gebraten.
Vaříme/Uvaříme špagety, brambory, polévku…	Spaghetti, Kartoffeln, eine Suppe, … wird gekocht.

• ***Seite 51*** *(Track 87)*

aha	aha (Interjektion)
ach	ach (Interjektion)
brokolice	Brokkoli
dieta	Diät
držet dietu	eine Diät machen, Diät halten
hurá	hurra (Interjektion)
mít svatbu	heiraten
mňam	hmm, lecker (Interjetion)
mrkvový	Karotten-/Möhren- (+ Subst.)
pohanka	Buchweizen
připravit *pf.* + *D, A*	machen, zubereiten, vorbereiten

šaty *nur Pl.*	Kleider, Damenkleider
vegetariánský	vegetarisch
vejít* se, vejdu se do *pf.* do + *G*	in etwas hineinpassen
Musím držet dietu.	Ich muss eine Diät machen.
Nevejdu se do šatů.	Ich passe nicht (mehr) in meine Kleider.
No tohle!	Na sowas!
S dietou končím.	Ich höre mit der Diät auf.

• ***Ausgewählte unvollendete/vollendete Verben*** *(Track 88)*

dusit/podusit	dünsten, schmoren
gratulovat/pogratulovat	gratulieren
konzumovat/zkonzumovat	konsumieren, essen
krájet/nakrájet	(klein) schneiden
lít/nalít	gießen
míchat/zamíchat	umrühren, mischen
ochutnávat/ochutnat	probieren, kosten
péct/upéct	backen, braten
přidávat/přidat	dazugeben, hinzufügen
přilívat/přilít	dazugießen
připravovat/připravit	machen, zubereiten, vorbereiten
smažit/osmažit, usmažit	anbraten, braten, panieren
vařit/uvařit	kochen
vyhýbat se/vyhnout se	vermeiden
vynechávat/vynechat	weglassen, auslassen
zkoušet/zkusit	versuchen, ausprobieren
zlepšovat/zlepšit	verbessern

Anhang zu Lektion 14

14.1 Bildung von Adjektiven aus geografischen Bezeichnungen

Im Lehrbuch auf S. 54 sehen Sie:
Praha > **pražský** Prag > Prager *(Adj.)*
Brno > **brněnský** Brünn > Brünner *(Adj.)*

Adjektive, die von geografischen Bezeichnungen (z.B. von Städten, Bergen oder Flüssen) abgeleitet sind, haben die Endung -ský, *z.B.* Ostrava > ostravský. *Bei geografischen Bezeichnungen, deren Wortstamm auf* c *oder* k *enden, verschmilzt die Endung* -ský *mit den Konsonanten* c *bzw.* k *zu* -cký, *z.B.* Strážnice > strážnický, Nepomuk > nepomucký. *In einigen Fällen kommt es zu einer Konsonantenänderung oder es wird zur besseren Aussprache eine Silbe ergänzt, z.B.* Praha > pražský, Brno > brněnský. *Aus geografischen Bezeichnungen mit zwei Wörtern können auch Adjektive gebildet werden, z.B.* Karlovy Vary > karlovarský.
*Beachten Sie, dass geografische Bezeichnungen (ebenso wie Eigennamen) groß geschrieben werden, während die aus diesen Bezeichnungen abgeleiteten Adjektive einen kleinen Anfangsbuchstaben haben (*Praha, pražský*). Wenn diese Adjektive allerdings Bestandteil eines festen Begriffes sind, wie z.B. die Bezeichnung einer Veranstaltung, wird das Adjektiv groß geschrieben (*Pražské jaro*).*

14.2 Passiv

Im Tschechischen gibt es zwei Typen von Passiv:
1. Reflexives Passiv
Na filmovém festivalu v Karlových Varech se uděluje cena Křišťálový globus. Auf dem Filmfestival in Karlsbad wird als Preis der Kristallglobus verliehen.
Das reflexive Passiv wird mit einem Verb in der 3. Person Singular oder Plural und dem Reflexivpronomen se *gebildet (s. Punkt 13.1). Das Verb kann im Präsens, im Futur oder in der Vergangenheit stehen. Vergleichen Sie die Formen im Präsens und in der Vergangenheit:*
titul / cena / ocenění se uděluje ein Titel / ein Preis / eine Auszeichnung wird verliehen
ceny se udělují Preise werden verliehen
titul se udělil / cena se udělila / ocenění se udělilo ein Titel / ein Preis / eine Auszeichnung wurde verliehen
ceny se udělily Preise wurden verliehen

2. Deskriptives (beschreibendes) Passiv
Pražské jaro je zahajováno cyklem symfonických básní Má vlast. Der Prager Frühling wird mit dem Zyklus der symphonischen Dichtungen Mein Vaterland eröffnet.
Das deskriptive Passiv wird oft in Fachtexten benutzt, während es in der gesprochenen Sprache kaum vorkommt. Es wird gebildet mit dem Hilfsverb být *(im Präsens, im Futur oder in der Vergangenheit) und dem Partizip Passiv. Vergleichen Sie die Formen im Präsens:*
koncert je zahajován / akce je zahajována / Pražské jaro je zahajováno das Konzert / die Veranstaltung / der Prager Frühling wird eröffnet
festivaly jsou zahajovány die Festivals werden eröffnet

14.3 Gemeintschechisch und Dialekte

*In der Alltagskommunikation, z.B. in der Familie, auf der Straße, in der Arbeit oder in Geschäften wird meistens nicht die Schriftsprache (*spisovná čeština*) verwendet, sondern die Alltagssprache (*běžně mluvená, kolokviální čeština*). In Böhmen, dem westlichen Teil Tschechiens, ist das sog. Gemeintschechisch (*obecná čeština*) verbreitet, während Sie in Mähren und Schlesien auch Dialekte (*dialekty*) hören können. In den Dialogen im Lehrbuch auf S. 55 und im Comic auf S. 59 hören bzw. sehen Sie einige Ausdrücke des Gemeintschechischen sowie im Brünner und Ostrauer Dialekt. Vergleichen Sie:*

1. Gemeintschechisch in und um Prag
tamhleten žlutý dům – **támlecten/támdlencten** žlut**ej** **barák** das gelbe Haus da
kde jezdí ty tramvaje – **jak** jezd**ěj** ty tramvaje wo die Straßenbahnen fahren
odtud, odsud – **vodsaď** [vo**c**ať] von hier
nevím – nev**i**m ich weiß nicht
ještě – **e**ště noch
Odkud jsi? – **Vodkaď seš**? Woher bist/kommst du?

2. Dialekt in und um Brünn
kde jezdí tramvaje – **jak** jezd**ijou** **šaliny**[1] wo die Straßenbahnen fahren
odtamtud jeďte tramvají – **odtama** jeďte **šalinou** von da fahren Sie mit der Straßenbahn
běžte Veletržní ulicí – běžte Veletržní ulic**ou** gehen Sie die Veletržní-Straße entlang
také, taky, i – **aj**, **aji** auch

na shledanou – na **z**ledanou auf Wiedersehen
Odkud jsi? – **Zkama si**? Woher bist/kommst du?
Já jsem z Brna. – Já **su** z Brna. Ich bin aus Brünn.

[1] *Der Begriff* šaliny *kommt aus dem Deutschen:* „elektri<u>sche Linie</u>".

3. Dialekt in und um Ostrau
Die schlesischen Dialekte unterscheiden sich von der Schriftsprache auch in der Aussprache[2]*, z.B. liegt der Wortakzent immer auf der vorletzten Silbe, die langen Vokale werden kurz ausgesprochen und die Laute* i *und* y *unterscheiden sich. In dem Dialog hören Sie folgende Ausdrücke:*
protože to máte daleko – **bo** to m**a**te daleko weil das weit ist
tady z této zastávky – **tu** z t**e**to zast**a**vky hier von dieser Haltestelle
také, taky – **též** [teš, tež] auch

[2] *Muttersprachler erkennen normalerweise an der Aussprache, woher jemand kommt. Zum Beispiel ist die offene Aussprache der Vokale, besonders das offene* e*, typisch für das Gemeintschechisch in und um Prag, während in einigen mährischen Dialekten die Vokale eher geschlossen ausgesprochen werden.*

14.4 Possessiver Genitiv

Im Lehrbuch auf S. 56 sehen Sie:
kostel <u>svatého Víta</u> die Kirche des heiligen Veit (Veitsdom)
obrazy <u>rakouského malíře Egona Schieleho</u> Bilder von Egon Schiele
Der Genitiv hat neben der partitiven Funktion (s. Punkt 13.3) auch eine possessive Funktion. Der possessive Genitiv wird in der Antwort auf die Frage čí? wessen? *benutzt. Mit dem possessiven Genitiv wird ausgedrückt:*
a) das Eigentum, z.B.: kniha Evy Evas Buch
b) die Urheberschaft, z.B.: obrazy Egona Schiela/Schieleho Bilder von Egon Schiele
c) zu wessen Ehren etwas benannt worden ist, z.B.: kostel svatého Víta die Kirche des heiligen Veit (Veitsdom)

Die Deklinationsformen des Genitiv Singular finden Sie in der Deklinationstabelle auf S. 83. Mehr zum Genitiv Plural s. Punkt 13.2.

14.5 Zweiteilige Konjunktionen

Im Lehrbuch auf S. 56 sehen Sie:
Turisti objeví <u>nejen</u> další hezké historické město, <u>ale</u> opravdový středověký klenot na břehu řeky Vltavy. Touristen entdecken nicht nur eine weitere schöne historische Stadt, sondern ein echtes mittelalterliches Schmuckstück am Ufer der Moldau.
Magickou atmosféru tvoří <u>jednak</u> dominanta renesančního zámku, <u>jednak</u> labyrint úzkých starobylých uliček Vnitřního města a čtvrti Latrán. Die magische Atmosphäre entsteht einerseits durch die Silhouette des Renaissanceschlosses, andererseits durch das Labyrinth der engen altertümlichen Gassen der Innenstadt und des Viertels Latrán.
A když vám zbude trochu času, můžete se <u>buď</u> podívat na medvědy, <u>nebo</u> na břehu Vltavy hledat vodníky. Und wenn Sie noch etwas Zeit übrig haben, können Sie sich entweder die Bären ansehen oder am Ufer der Moldau Wassermänner suchen.

Zweiteilige Konjunktionen, z.B. nejen – ale (i) nicht nur – sondern auch, jednak – jednak einerseits – andererseits, buď – nebo entweder – oder, *gehören wie im Deutschen zusammen. Die erste Konjunktion steht im ersten Teil des Satzes bzw. im ersten Satz, die zweite normalerweise am Anfang des zweiten Satzteils bzw. des zweiten Satzes.*

14.6 Possessivadjektive

*Um das Eigentum oder die Urheberschaft auszudrücken, kann man neben dem possessiven Genitiv (*obraz Egona Schiela/Schieleho ein Bild von Egon Schiele*) auch ein Possessivadjektiv (***Schielův** obraz ein Bild von Schiele*) benutzen. Beide Formen antworten auf die Frage* čí? wessen?
Mehr zum possessiven Genitiv s. Punkt 14.4.

Possessivadjektive werden nur für Lebewesen, d.h. für Menschen oder Tiere, benutzt. Sie werden folgendermaßen gebildet:
Ma-Substantive erhalten das Suffix -ův, -ova, -ovo, -ovi[1]*, z.B.:* Schiel<u>ův</u> obraz, Schiel<u>ova</u> výstava, Schiel<u>ovo</u> dílo, Schiel<u>ovi</u> kolegové.
F-Substantive bekommen das Suffix -in, -ina, -ino, -ini[1]*, z.B.:* Ev<u>in</u> obraz, Ev<u>ina</u> výstava, Ev<u>ino</u> dílo, Ev<u>ini</u> kolegové.
Possessivadjektive werden dekliniert, die Deklination lernen Sie später.

[1] *In der geschriebenen und gesprochenen Schriftsprache unterscheidet man auch die Pluralformen nach dem Geschlecht:* -ovi, -ovy, ovy, ova *oder* -ini, -iny, iny, -ina. *Der Einfachheit halber können Sie sich zunächst aber nur die Endung* -i *für den Plural merken.*

14.7 Deklination des Relativpronomens který

Im Lehrbuch auf S. 56 sehen Sie:
Město, <u>které</u> je od roku 1992 na seznamu světového dědictví UNESCO, má magickou atmosféru. Die Stadt, die seit 1992 auf der Liste des UNESCO-Weltkulturerbes geführt wird, hat eine magische Atmosphäre.

Atraktivní výhled na město se nabízí ze Zámecké zahrady, ve <u>které</u> najdete otáčivé hlediště. Einen attraktiven Blick auf die Stadt hat man vom Schlossgarten aus, in dem sich das Freilichttheater mit der drehbaren Zuschauertribüne befindet.
Vodníci možná dávají pozor i na vodáky, <u>kteří</u> tudy v létě na lodích projíždějí. Die Wassermänner passen vielleicht auch auf die Kanufahrer auf, die im Sommer hier in ihren Kanus vorbeifahren.

Das Relativpronomen který *zählt zu den satzverbindenden Ausdrücken (s. Punkt 12.3) und leitet Relativsätze ein. Es wird so wie das Adjektiv* nový *dekliniert. In der Tabelle sehen Sie die Deklination:*

	Singular	*Plural*
1. Nominativ	**který** *(Ma, Mi)* **která** *(F)* **které** *(N)*	**kteří** *(Ma)* **které** *(Mi, F)* **která** *(N)*
2. Genitiv	**kterého** *(Ma, Mi, N)* **které** *(F)*	**kterých** *(Ma, Mi, F, N)*
3. Dativ	**kterému** *(Ma, Mi, N)* **které** *(F)*	**kterým** *(Ma, Mi, F, N)*
4. Akkusativ	**kterého** *(Ma)*, **který** *(Mi)* **kterou** *(F)* **které** *(N)*	**které** *(Ma, Mi, F)* **která** *(N)*
6. Lokativ	**kterém** *(Ma, Mi, N)* **které** *(F)*	**kterých** *(Ma, Mi, F, N)*
7. Instrumental	**kterým** *(Ma, Mi, N)* **kterou** *(F)*	**kterými** *(Ma, Mi, F, N)*

Beachten Sie, dass sich das Relativpronomen který *immer auf ein Substantiv bezieht. Das Substantiv bestimmt das Geschlecht und den Numerus (Singular oder Plural) des Relativpronomens. Der Fall, in dem das Relativpronomen im Nebensatz gebraucht wird, richtet sich nach dem Verb bzw. der Präposition des Relativsatzes, z.B.:*

Město, <u>které</u> je od roku 1992 na seznamu světového dědictví UNESCO, má magickou atmosféru.

Die Stadt, die seit 1992 auf der Liste des UNESCO-Weltkulturerbes geführt wird, hat eine magische Atmosphäre.

Město, do <u>kterého</u> chceme jet, je Český Krumlov.

Die Stadt, in die wir fahren wollen, ist Český Krumlov.

■ *14.8 Geografische Bezeichnungen, die nur im Plural existieren*

Im Lehrbuch auf S. 58 sehen Sie:
Mateo byl minulou sobotu na výletě v <u>Českých Budějovicích</u>. Mateo war letzten Samstag auf einem Ausflug in Budweis.
Příští víkend pojede na výlet do <u>Českých Budějovic</u>. Nächstes Wochenende macht er einen Ausflug nach Budweis.
Im Tschechischen gibt es geografische Bezeichnungen, z.B. von Ländern, Städten, Stadtteilen oder Bergen, die nur im Plural existieren, z.B.: Karlovy Vary, České Budějovice, Mariánské Lázně, Jizerské hory. *Geografische Bezeichnungen werden oft mit den Präpositionen* v *und* do *benutzt und dementsprechend dekliniert, hier z.B.:*
Byl/a jsem v Karlových Varech, Českých Budějovicích, Mariánských Lázních a v Jizerských horách. *(Lokativ Plural[1])*
Pojedu do Karlových Varů, Českých Budějovic, Mariánských Lázní a do Jizerských hor. *(Genitiv Plural)*

[1] *Um sich die Endungen von Substantiven und Adjektiven im Lokativ Plural zu merken, haben wir einen Trick für Sie: Stellen Sie sich vor, dass Sie seufzen:* -ech, -ích, -ách *(Substantive) und* -ích/-ých *(Adjektive).*

Die Deklinationstabelle mit allen Pluralformen finden Sie auf S. 84.

■ *14.9 Instrumental Plural*

Im Lehrbuch auf S. 58 sehen Sie:
Seznámili jsme se tam s <u>nějakými studenty</u>. Wir haben dort ein paar Studenten kennengelernt.
Pojedeme tam s <u>učitelkami</u> ze školy. Wir fahren mit Lehrerinnen von der Schule dorthin.
Pojedu tam sám s <u>kamarády</u>. Ich fahre allein mit meinen Freunden dorthin.
In der folgenden Tabelle sehen Sie alle Mustersubstantive im Instrumental Plural:

Beispielsatz	Pronomen[1]			Adjektive[2]		Substantive[3]		
	kdo, co	ten, ta, to	můj, moje	ý-Adjektive Adjektive mit der Endung -ý im Nom. Sg.	í-Adjektive Adjektive mit der Endung -í im Nom. Sg.	1. Deklinationsgruppe Ma/Mi-Substantive, die im Nom. Sg. auf einen Konsonanten ohne Häkchen enden, F mit der Endung -a und N mit der Endung -o	2. Deklinationsgruppe Substantive, die im Nom. Sg. auf einen Konsonanten mit Häkchen oder auf -e/-ě, -c, -j, -tel enden	3. Deklinationsgruppe Ma-Substantive, die im Nom. Sg. auf -a enden, F mit der Endung -st und N mit der Endung -í
Mluvím s… Sejdeme se před…	kým? čím?	těmi těmi těmi těmi	mými mými mými mými	novými novými novými novými	moderními moderními moderními moderními	doktor**y** obchod**y** škola**mi** kin**y**	lékař**i** počítač**i** restaurace**mi**, kancelář**emi** letišt**i**	koleg**y** --- místnost**mi** nádraží**mi**

[1] *Ebenso wie die Demonstrativpronomen ten, ta, to werden auch die Pronomen* tento, tato, toto dieser, diese, dieses *und* tenhle, tahle, tohle dieser, diese, dieses *dekliniert, z.B. im Instrumental Plural:* těmi, těmito, těmihle.

[2] *In der traditionellen tschechischen Grammatikterminologie werden die ý-Adjektive als harte und die í-Adjektive als weiche Adjektive bezeichnet.*

[3] *In der traditionellen tschechischen Grammatikterminologie werden die Substantive der 1. Deklinationsgruppe als harte und die Substantive der 2. Deklinationsgruppe als weiche Substantive bezeichnet. Für die Substantive der 3. Deklinationsgruppe gibt es keine zusammenfassende Bezeichnung.*

Ma-Substantive, die auf -e *enden, z.B.* průvodce Reiseführer, *werden außer im Vokativ Singular nach dem Muster* lékař *dekliniert, z.B. im Instrumental Plural:* průvodci.

Einige Ma- und Mi-Substantive, die auf -l *oder* -z *enden, z.B.* král König, cíl Ziel, Francouz Franzose, *gehören zur 2. Deklinationsgruppe und werden nach dem Muster* lékař *bzw.* počítač *dekliniert, z.B. im Instrumental Plural:* králi, cíli, Francouzi.

Einige Mi-Substantive, die auf -tel *enden, z.B.* hotel Hotel, kostel Kirche *sind Ausnahmen. Sie gehören nicht zur 2., sondern zur 1. Deklinationsgruppe, z.B. im Instrumental Plural:* hotely, kostely.

F-Substantive, die auf -el *oder* -ev *enden, z.B.* postel Bett *oder* láhev Flasche, *gehören zur 2. Deklinationsgruppe und werden nach dem Muster* kancelář *dekliniert, z.B. im Instrumental Plural:* postelemi, láhvemi.

Einige F-Substantive, die auf einen Konsonanten enden, z.B. loď Schiff, *können in der Deklination die Endungen der 2. Deklinationsgruppe (Mustersubstantiv* kancelář*) und auch der 3. Deklinationsgruppe (Mustersubstantiv* místnost*) haben, z.B. im Instrumental Plural:* loděmi *und* loďmi.

N-Substantive, die auf -um *enden, z.B.* centrum Zentrum, *verlieren bei der Deklination die Endung* -um, *z.B. im Instrumental Plural:* centry.

N-Substantive, die auf -e/-ě *enden und Jungtiere bezeichnen, z.B.* kuře Hähnchen, štěně Welpe, kotě Kätzchen, *sowie die Substantive* zvíře Tier, prase Schwein, morče Meerschweinchen, rajče Tomate *haben eine besondere Deklination. Das Mustersubstantiv ist* kuře, *z.B. im Instrumental Plural:* kuřaty.

In der Alltagssprache hören Sie die Formen des Instrumental Plural mit den Endungen -ama *bzw.* -ma, *z.B.:* se studentama, s kamarádama, s učitelkama.

Beachten Sie:
Bei einigen Substantiven kommt es bei den deklinierten Formen zu einer Änderung im Wortstamm: Das mobile -e- fällt weg oder es gibt den Vokalwechsel ů > o, *z.B. im Instrumental Plural:* pes > psy, dům > domy.

Einige Substantive haben unregelmäßige Formen, z.B. im Instrumental Plural: oko > očima, ucho > ušima, dítě > dětmi, člověk > lidmi, peníze > penězi.

Merken Sie sich folgende häufig gebrauchte Verben mit der Präposition s/se, *nach der der Instrumental steht:*

seznamovat se/ seznámit se s jmdn. kennenlernen
scházet se/sejít se s sich mit jmdm. treffen
chodit – jít *(kam)* s mit jmdm. (irgendwohin) gehen
jezdit – jet *(kam)* s mit jmdm. (irgendwohin) fahren
mluvit s mit jmdm sprechen
povídat si/popovídat si s sich mit jmdm. unterhalten
hádat se/pohádat se s sich mit jmdm. streiten

Die Deklinationstabelle mit allen Pluralformen finden Sie auf S. 84.

14.10 Wichtige Informationen über Tschechien

Název Bezeichnung: Česká republika, Česko
Rozloha Fläche: 78 866 km^2
Počet obyvatel Einwohnerzahl: 10 625 449 (v roce 2018)
Historická území Historische Gebiete: Čechy Böhmen, Morava Mähren, Slezsko Schlesien
Sousední země Nachbarländer: Německo Deutschland, Polsko Polen, Slovensko Slowakei, Rakousko Österreich
Hlavní město Hauptstadt: Praha Prag (1 301 132 obyvatel v roce 2018)
Další velká města Weitere große Städte: Brno Brünn, Ostrava Ostrau, České Budějovice Budweis, Plzeň Pilsen, Ústí nad Labem Aussig, Liberec Reichenberg, Hradec Králové Königgrätz, Pardubice, Olomouc Olmütz, Zlín, Jihlava Iglau
Hory Gebirge: Krkonoše Riesengebirge, Šumava Böhmerwald, Krušné hory Erzgebirge, Jizerské hory Isergebirge, Beskydy Beskiden, Jeseníky Gesenke, Orlické hory Adlergebirge, Českomoravská vysočina Böhmisch-Mährische Höhe
Nejvyšší hora Höchster Berg: Sněžka Schneekoppe (1603 m n. m.)
Řeky Flüsse: Vltava Moldau, Labe Elbe, Berounka, Morava, Sázava, Odra Oder, Dyje Thaya

Památky UNESCO Kulturdenkmäler der UNESCO: historické centrum Prahy, Českého Krumlova, Telče a Kutné Hory s chrámem sv. Barbory a katedrála Nanebevzetí Panny Marie v Sedlci, Lednicko-valtický areál, zámek a zahrady v Kroměříži, zámek a zámecký areál Litomyšl, Vila Tugendhat v Brně, Židovská čtvrť a bazilika sv. Prokopa v Třebíči, Sloup Nejsvětější Trojice v Olomouci, Poutní kostel sv. Jana Nepomuckého na Zelené hoře, vesnická rezervace Holašovice

■ *14.11 Traditionen, Bräuche und Konventionen*

Oft unterhält man sich über Reisen und darüber, wie man die Freizeit verbringt. Typisch sind folgende Fragen:
Kam pojedete na dovolenou? Kam pojedeš na dovolenou? Wohin fahren Sie / fahrt ihr / fährst du in Urlaub?
Kde jste byl/a na dovolené? Kde jsi byl/a na dovolené? Wo waren Sie / warst du im Urlaub?
Tak co, jaký byl víkend? Na, wie war Ihr/euer/dein Wochenende?
Jak jste se měl/a o víkendu? Jak ses měl/a o víkendu? Wie war´s am Wochenende?
Byl/a jste někdy v/na/u...? Byl/a jsi někdy v/na/u...? Waren Sie / Warst du schon einmal in / am / an der / bei ...

Vor dem Wochenende bzw. dem Urlaub wünscht man sich z.B.:
Hezký víkend! Schönes Wochenende!
Hezkou dovolenou! Schönen Urlaub!
Užijte si to! Užij si to! Viel Spaß!
Šťastnou cestu! Gute Reise!

Für diese Wünsche bedankt man sich. Wenn der Gesprächspartner auch wegfährt, können Sie z.B. so antworten:
Hezký víkend! – Taky!/Vám taky!/Tobě taky! Danke! / Ihnen/Euch/Dir auch!
Hezkou dovolenou! – Taky!/Vám taky!/Tobě taky! Danke! / Ihnen/Euch/Dir auch!
Užijte si to! Užij si to! – Taky!/Vy taky!/Ty taky! Danke! / Ihnen/Euch/Dir auch!
Šťastnou cestu! – Taky!/Vám taky!/Tobě taky! Danke! / Ihnen/Euch/Dir auch!

Wortschatz zu Lektion 14

Die Aufnahmen zum Wortschatz der Lektion 14 finden Sie online unter www.czechstepbystep.cz, Track 89–95.

• ***Seite 54*** *(Track 89)*

asociace	Vereinigung, Verband
atlet	Leichtathlet
atletický	athletisch, Leichtathletik- (+ Subst.)
atletika	Leichtathletik
brněnský *Adj.*	Brünner (die Stadt Brünn betreffend)
cyklus, cyklu *G Sg.*	Zyklus
Čechy *nur Pl.*	Böhmen
Evropa	Europa
federace	Föderation
festival	Festival
folklórní	Folklore- (+ Subst.)
globus, glóbu *G Sg.*	Globus
jizerský *Adj.*	Iser- (+ Subst.), zum Fluss Iser gehörend
konat se	stattfinden
krátký	kurz
kroj	Tracht
křišťálový	Kristall- (+ Subst.)
kulturní	kulturell, Kultur- (+ Subst.)
kulturní akce	eine kulturelle Veranstaltung
lidová hudba	Volksmusik
lidový	Volks- (+ Subst.)
Mezinárodní asociace atletických federací	Weltleichtathletikverband
mítink	Treffen
Morava	Mähren
navštívit *pf.* + *A*	besuchen, besichtigen
označovat + *A*	markieren
padesátka *ugs.* (padesát kilometrů)	Fünfziger (fünfzig Kilometer)
pořádat + *A*	veranstalten
pražský *Adj.*	Prager (die Stadt Prag betreffend)
proslulý	berühmt
průmyslový	industriell, Industrie- (+ Subst.)
seriál	Serie
Slezsko	Schlesien
součást	Teil
sportovní	sportlich, Sport- (+ Subst.)
strojírenský	Maschinenbau- (+ Subst.)
střední Evropa	Mitteleuropa
symfonická báseň	symphonische Dichtung
symfonický	symphonisch, Symphonie- (+ Subst.)
tanec	Tanz
tradičně	traditionell (Adv.)
tretra	Sportschuh zum Laufen
účastnit se + *G*	teilnehmen
udělovat + *D, A*	erteilen, verleihen
vážná hudba	klassische Musik
vážný	ernst
veletrh	Messe
vlast	Heimat
východní	östlich, Ost- (+ Subst.)
výstaviště	Messegelände
významný	bedeutend
zahajovat + *A*	eröffnen
zařadit *pf.* + *A*	einordnen
zlatý	golden, Gold- (+ Subst.)
Rád/a bych navštívil/a…	Ich würde gerne … besuchen.

• ***Seite 55*** *(Track 90)*

barák *ugs.*, dům	Haus
bo *ugs. (nur im Ostrauer Dialekt)*, protože	weil
dolů	nach unten
šalina *ugs. (nur im Brünner Dialekt)*, tramvaj	Straßenbahn, Tram
támlecten/támdlencten *ugs.*, tamhleten	der/den dahinten
tamhle	da, dort
tramvajka *ugs. (nur im Ostrauer Dialekt)*, tramvaj	Straßenbahn, Tram

• ***Seite 56*** *(Track 91)*

atmosféra	Atmosphäre
atraktivní	attraktiv
barokní	Barock- (+ Subst.)
během + *G*	während
břeh	Ufer
buď – nebo	entweder – oder
čtvrť	Viertel, Stadtviertel
dědictví	Erbe
divadelní	Theater- (+ Subst.)
divák	Zuschauer
dominanta	herausragendes Bauwerk einer Stadt, das gut zu sehen ist
gotický	gotisch
historický	historisch
hlediště	Zuschauerraum
chov	Haltung (von Tieren)
jednak – jednak	einerseits – andererseits
každoročně	jedes Jahr, jährlich
klenot	Kleinod, Juwel, Schmuckstück
kostel	Kirche
kouzlo	Zauber
krumlovský *Adj.*	Krumauer (die Stadt Krumau betreffend)
labyrint	Labyrinth
legenda	Legende
ležet	liegen

loď	Boot, Schiff
magický	magisch
malíř	Maler
malovat + *A*	malen, streichen
medvěd	Bär
mlýn	Mühle
mnohý	viele
motiv	Motiv
nejen – ale (i)	nicht nur – sondern auch
objevit *pf.* + *A*	entdecken
obraz	Bild
okno	Fenster
okolí	Umgebung
opravdový	echt, wirklich
oslava	Feier
otáčivý	drehbar
památka	Sehenswürdigkeit
pětilistý	fünfblättrig
pohádková postava	Märchenfigur
pohádkový	märchenhaft, Märchen- (+ Subst.)
pohled	Ansicht, Blick
postava	Figur, Gestalt
postavit *pf.* + *A*	bauen
projíždět	durchfahren, vorbeifahren
příkop	Graben
rakouský	österreichisch
renesance	Renaissance
renesanční	Renaissance- (+ Subst.)
růže	Rose
řeka	Fluss
slavnost	Feier
starobylý	alt, altertümlich
starodávný	uralt, althergebracht
stavba	Gebäude, Bauwerk
století	Jahrhundert
středověk	Mittelalter
středověký	mittelalterlich
svatý	heilig
tudy	hier (entlang)
ulička	Gasse
úzký	eng
vnitřní	der/die/das innere, Innen- (+ Subst.)
vodák	Kanufahrer, Paddler
vodník	Wassermann
výhled	Aussicht
výška	Höhe, Körpergröße
začátek	Anfang, Beginn
založený	gegründet
zámecký	Schloss- (+ Subst.)
zámek	Schloss
zbýt*, zbudu, zbydu *pf.*	übrigbleiben
zde	hier

Byl/a jste někdy v/ve/na…?	Waren Sie schon mal in/bei/auf …?
Jaká města, řeky nebo hory jsou v okolí?	Welche Städte, Flüsse oder Berge sind in der Nähe?
Jaké památky, místa nebo akce tam můžete navštívit?	Welche Sehenswürdigkeiten, Orte oder Veranstaltungen kann man dort besichtigen/besuchen?
Víte, kde leží…?	Wissen Sie / Wisst ihr, wo … liegt?
A když vám zbude čas, …	Und wenn Sie noch Zeit übrig haben, …

• ***Seite 57*** *(Track 92)*

mlýnské kolo	Mühlrad
mlýnský	Mühl-, Mühlen- (+ Subst.)
různý	verschieden, unterschiedlich
zajímavost	etwas Interessantes, Sehenswürdigkeit

Každý rok se tam konají různé akce, jako například…	Jedes Jahr finden dort verschiedene Veranstaltungen statt, wie zum Beispiel …
Mezi další zajímavosti patří…	Weitere Sehenswürdigkeiten sind …
Nejvýznamnější památky jsou…	Die wichtigsten Sehenswürdigkeiten sind …
Žil/a tam…	… hat dort gelebt.

Seite 58 (Track 93)

hádat se s + *I*	sich streiten
lázně *nur Pl.*	Kurbad, Kurort
letní	sommerlich, Sommer- (+ Subst.)
letos	dieses Jahr, heuer
mariánský	Marien- (+ Subst)
naplánovat (si) *pf.* + *D*, *A*	planen
popovídat si *pf.* s + *I*	sich unterhalten
poznávat + *A*	kennenlernen, erkennen
sejít* se, sejdu se *pf.* s + *I*	sich treffen
seznámit se *pf.* s + *I*	kennenlernen
seznamovat se s + *I*	kennenlernen
Španělsko	Spanien
víkendový	Wochenend- (+ Subst.)
vloni, loni	letztes Jahr
výlet	Ausflug

Budu bydlet v penzionu.	Ich übernachte in einer Pension. / Ich werde in einer Pension übernachten.
Budu tam tři dny.	Ich bin da drei Tage. / Ich werde da drei Tage sein.
Chci tam vidět zámek a zámeckou zahradu.	Ich möchte dort das Schloss und den Schlosspark sehen.
O víkendu pojedu do Českého Krumlova.	Am Wochenende fahre ich nach Český Krumlov (Krumau).
Pojedeme autobusem.	Wir fahren mit dem Bus. / Wir werden mit dem Bus fahren.
Pojedu tam s kamarády.	Ich fahre mit Freunden dorthin. / Ich werde mit Freunden dorthin fahren.

• ***Seite 59*** *(Track 94)*

cože	was (Ausruf)
konečně	endlich
odkud	woher, von wo
odsud, odtud	von hier
poprvé	zum ersten Mal
překládat + *A*	übersetzen
vocať *ugs.*, odsud, odtud	von hier
vodka	Wodka
vodkaď *ugs.*, odkud	woher, von wo
zkama *ugs. (nur im Brünner Dialekt)*, odkud	woher, von wo

Asi potřebuju překladatelku z češtiny do češtiny.	Ich brauche wohl eine Übersetzerin vom Tschechischen ins Tschechische.
Cože?	Was?
Prosím?	Wie bitte?
Už na tebe čekáme snad hodinu.	Wir warten bestimmt schon eine Stunde auf dich.

• ***Ausgewählte unvollendete/vollendete Verben*** *(Track 95)*

hádat se/pohádat se	sich streiten
malovat/namalovat	malen, streichen
navštěvovat/navštívit	besuchen, besichtigen
objevovat/objevit	entdecken
označovat/označit	markieren
plánovat (si)/naplánovat (si)	planen
pořádat/uspořádat	veranstalten
povídat si/popovídat si	sich unterhalten
poznávat/poznat	kennenlernen, erkennen
projíždět/projet	durchfahren, vorbeifahren
překládat/přeložit	übersetzen
seznamovat se/seznámit se	kennenlernen
scházet se/sejít se	sich treffen
stavět/postavit	bauen
účastnit se/zúčastnit se	teilnehmen
udělovat/udělit	erteilen, verleihen
zahajovat/zahájit	eröffnen
zařazovat/zařadit	einordnen
zbývat/zbýt	übrigbleiben

Transkriptionen der Hörtexte

Lektion 8

Track 1

Daniela říká: Já nakupuju ráda, ale musím dost šetřit. Ještě studuju a musím si sama platit jídlo a bydlení. Kupuju levnější věci, i když vím, že někdy jsou docela nekvalitní. Oblečení často nakupuju v second handu, tam se někdy dají koupit super věci za dobrou cenu. A taky miluju sezónní výprodeje. V lednu jsem jela s kamarády nakupovat do outletu do Německa a přivezla jsem si značkové věci, které tady stojí minimálně dvakrát nebo třikrát víc. To byl úlovek!

Track 2

Mirek říká: Nakupování opravdu nesnáším a strašně nerad chodím do obchodů. Ještě že existuje internet, nakupuju tam snad všechno – oblečení, boty, věci do bytu a samozřejmě elektroniku. Je to pohodlné, rychlé, můžu si porovnat ceny a v klidu vybrat, co se mi líbí. Nejlepší ale je, že teď můžu nakupovat on-line i potraviny. Jednou za týden objednám velký nákup a už nemusím do supermarketu. Jen občas koupím čerstvé pečivo v pekárně nebo ovoce na trhu.

Track 3

Marta říká: Já jsem asi ten shopoholik, nebo jak se tomu říká. Aspoň moje děti si to myslí. Nakupuju pořád a strašně mě to baví. Je pravda, že občas kupuju věci, které nepotřebuju, ale všechno se může někdy hodit. Třeba když vidíte ve slevě něco, co stojí o polovinu míň než normálně, no nekupte to! Možná to je tím, že když jsem byla mladá, v obchodech skoro nic nebylo. Za komunismu se nenakupovalo, ale shánělo, tak já si teď nakupování fakt pořádně užívám!

Track 4

Ája a Pája na nákupu
Zapomněla jsem koupit rohlíky!
To nevadí, stavíme se v obchodě.
Hele, tady mají jahody!
Pájo, teď v lednu jsou drahé!
Já vím, ale…
Mmm, ty koblihy voní!
Pájo, říkal jsi, že nebudeš jíst sladké!
No jo, ale…
Hele, na to víno je sleva!
Pájo, ty přece piješ jenom pivo!
To je pravda, ale…
To máslo je neuvěřitelně levné!
Pájo, ale…
A ještě si vezmu pár tyčinek…
To přece nemůžeme sníst ani za rok!
Pájo… Zapomněli jsme na ty rohlíky!

Track 5

ou: koupit, jsou, jednou, mléčnou
au: autobus, auto, aukce, aukční, Aukro
eu: euro, pneumatika
ao, aa, eá: kakao, kakaa, areál
ia, ie, ii, ií: dialog, fotografie, fotografii, fotografiích
Pozor: používat, naučit, neutratit

Lektion 9

Track 6

AkiBank, dobrý den. Co pro vás můžeme udělat?
Chtěl bych si založit účet. Jaké účty nabízíte?
Můžeme vám nabídnout náš běžný účet Smartkonto.
Já už u vás běžný účet mám, ale začínám podnikat, a tak potřebuju podnikatelský účet.
Aha, pro podnikatele nabízíme účet Profikonto.
Ano, o ten bych měl zájem. Jak si ho můžu založit?
Na jakékoliv pobočce AkiBank nebo můžete taky vyplnit formulář na internetu na www.akibank.cz
Aha, tak děkuju.

Track 7

Co si přejete?
Já jsem se vrátila ze zahraničí a chtěla bych si tady znovu zařídit zdravotní pojištění.
A kde jste byla v zahraničí?
Tři roky jsem pracovala v Holandsku.
Takže, prosím váš občanský průkaz. A máte potvrzení, že jste byla pojištěná?
Ano, tady.
Děkuji, tady mi to prosím podepište. A ještě si udělám kopii.

Track 8

Dobrý den, chtěla bych vyměnit koruny za eura.
Ano. A kolik korun to bude?
6000 korun.
Za šest tisíc korun to máte 240 eur. … Prosím, tady to je.
Ano, děkuju.

Track 9

Dobrý den, já jsem se objednal přes internet dneska na půl třetí.
Takže prosím vaše jméno, příjmení a telefon.
Ivan Smolík, 608 415 632.
Ano, a co pro vás můžu udělat?
Chci si vyměnit řidičák, tenhle má platnost jen do června. Tady mám všechno, co potřebujete.
Ano, v pořádku.
A kdy to bude hotové?
Nejpozději za tři týdny.

Track 10

Úřad práce České republiky, krajská pobočka v Pardubicích.
Dobrý den, já potřebuju potvrzení o rodičovské dovolené. Jaké máte zítra úřední hodiny?
Ve středu jsou úřední hodiny od osmi do pěti.
Ale pozor, od dvanácti do jedné je polední pauza.
Děkuju, na shledanou.

Track 11

Ministerstvo vnitra, odbor azylové a migrační politiky, objednávací linka
Oddělení pobytu cizinců Praha a Středočeský kraj.
Prosím, dobrý den.
Dobrý den, já bych se chtěl objednat, protože potřebuju prodloužit dlouhodobý pobyt.
Dobře, vaše jméno a příjmení.
Mustafa Sharaf.
Jak se to píše?
Sha – raf, na začátku eshá.
Číslo pasu.
A15285697.
A hodí se vám termín v úterý 12. června v půl desáté?
12. června v 9:30… Ano, hodí.

Track 12

Ahoj Jarko, jak se máš? A co děti?
Ale, celkem dobře, jen ten můj kluk mi dělá starosti.
Ale proč? Vždyť je to takový hodný kluk, ne?
To jo, ale nic nestíhá. Ráno ani nesnídá, protože by přišel pozdě do školy. Pořád něco hledá, protože má v pokoji strašný nepořádek. Teď udělal pozdě nějaký projekt z biologie a říkal, že na to měl málo času. Ale chce začít chodit na karate, i když už dělá basketbal a atletiku. Na to čas má, ale když s ním já potřebuju někam jít nebo doma s něčím pomoct, je to problém.
A řekla jsi mu to?

No říkám mu pořád: „Vstávej včas a budeš mít čas na snídani, uklízej si pokoj a všechno rychle najdeš, piš úkoly hned a nemusíš se stresovat, vyber si jeden sport a dělej ho pořádně. A hlavně občas vypni ten mobil a pomoz mi!" Ale zatím to nemá žádný efekt. S tím telefonem to dobře znám, dcera ho taky nedá z ruky. Pořád volá nějakým kamarádkám nebo kolegyním, píše e-maily kolegům, radí klientům nebo něco čte a hledá na internetu. Aha, moment… Vidíš, zrovna mi píše, že dneska ke mně nepřijde, protože nestíhá. Ti mladí jsou všichni stejní!

Track 13

Pája jde na úřad
Dneska musím jít na úřad.
Potřebuju tam něco vyřídit.
Dobrý den.
Pane, tohle máte špatně vyplněné. A navíc ještě potřebujete…
… razítko od úřadu práce …
… potvrzení od zaměstnavatele …
… potvrzení z finančního úřadu …
… smlouvu o zdravotním pojištění …
… a kopii řidičského průkazu.
Tak tady to podepište a je to.
Uf!
To bylo strašné. Už nikdy žádné úřady!
Půjdu radši na trénink.
Pájo?!
Ty jdeš zase na úřad?

Track 14

z > s: jez, sněz, pomoz; jezte, snězte, pomozte
ž > š: drž, dodrž; držte, dodržte
ď > ť: buď, vyhoď, zařiď; buďte, vyhoďte, zařiďte

Track 15

dy, ty, ny: kdy, někdy, vždycky, úřady
di, ti, ni: zařídit, rodičovský, řidičský, lidi
Pozor: dialog, efektivně, Argentina, imperativ, dativ, komunikovat, ministerstvo, infinitiv

Lektion 10

Track 16

Jak se máš, Mirku? Hodně práce?
Spíš problémy v práci. Situace u nás ve firmě není dobrá, chtějí teď propustit několik lidí a všichni v kanceláři jsou dost nervózní. Přemýšlím, že si začnu hledat něco jiného. Ale co ty, kde teď děláš, pořád na úřadě?
Tam už dávno ne. Dělal jsem v jednom grafickém studiu, ale moc se mi tam nelíbilo. Musel jsem skoro hodinu dojíždět a kolegové taky nebyli nic moc. Nakonec jsem se pohádal se šéfkou, a tak jsem odešel.
Hm, to je špatné…
Vůbec ne. Našel jsem si novou práci v IT firmě a příští týden tam nastupuju. Práce vypadá zajímavě, plat je slušný a taky dostanu auto, pět týdnů dovolené a kurzy angličtiny.
To se máš! Nám zrušili skoro všechny benefity. Tak na nic nečekej a taky si hledej novou práci – práce je plno, určitě něco najdeš.

Track 17

Včera jsem pracovala na počítači celý den. Vytvářela jsem prezentaci pro nový projekt naší firmy. Hodně jsem komunikovala s kolegy z Olomouce, protože na projektu taky pracujou – telefonovali jsme si a psali e-maily. Chtěla jsem ještě nějaké dokumenty vytisknout, ale už jsem na to neměla čas, tak to musím udělat dneska. Včera večer jsem byla dost unavená. Myslela jsem, že vyberu kamarádce na internetu nějaký dárek, ale nakonec jsem se jenom podívala na facebook a šla jsem spát.

Track 18

Včera jsem měl volno, a protože venku nebylo hezky, strávil jsem skoro celý den na internetu. Nejdřív jsem si přečetl zprávy a pak jsem se podíval na film, který jsem chtěl už dlouho vidět. Odpoledne jsem trochu chatoval s kamarády a potom jsem hledal informace o kurzu programování. Taky jsem plánoval, že upravím a dám na internet fotky z dovolené, ale hrál jsem večer jednu hru a nějak jsem zapomněl na čas. Snad na to budu mít čas o víkendu.

Track 19

Pája a jeho rodina on-line
Ahoj, Ájo!
Pájo, ty jsi doma sám? Myslela jsem, že máš návštěvu.
Mám, je tu celá rodina.
Ale je tam nějak ticho. Vy jste se pohádali?
Ale vůbec ne, podívej!
Táta a strejda se dívají na Formuli 1.
Máma s tetou hledají recept na dort.
Babička s bratrem se dívají na fotky z dovolené.
Sestřenice si píše s kamarády…
…a bratranci se taky nenudí.
Jen sestra dokončuje nějakou prezentaci do práce.
Ale jinak se spolu všichni výborně baví!
Opravdu?
No jasně! Ještě že máme tu techniku!

Track 20

facebook, e-mail, on-line, notebook, job, video, mobil, program, internet, tablet, blog, film, benefit
skypovat, chatovat, surfovat, komunikovat, dokument, prezentace, informace, aplikace, konference, politik, webový

Track 21

rychle, hezky, česky, anglicky
rychlé auto, hezký dárek, český film, anglický program

Lektion 11

Track 22

Teď máme doma morče, jmenuje se Pepík. Dřív jsme měli křečka, ten byl fajn, ale morče je určitě zajímavější. Křeček například ve dne spí, ale morče je aktivní, a tak si s ním s dětmi můžeme víc hrát. Křeček si na lidi zvyká hůř než morče. To je přítulnější a dá se s ním líp komunikovat. Morčata taky žijou déle než křečci. Řekl bych, že morče je vhodné pro děti, protože není tak náročné jako třeba pes a stojí míň peněz. Je to vlastně takový dobrý kompromis.

Track 23

Jak ses měla o víkendu?
Skvěle. Byli jsme s rodinou na farmě. Děti se na to už dlouho těšily.
A kde to je?
Farma je na samotě, asi 50 kilometrů od Prahy, a jmenuje se Živá louka.
To neznám…
No, my taky předtím ne. Zlobila jsem se na manžela, protože si nevzal navigaci a dost dlouho jsme to hledali.
A co jste tam dělali?
V sobotu jsme byli celý den v areálu, který je hned vedle farmy. Mají tam hlavně aktivity pro děti – dětská hřiště a pískoviště, ale samozřejmě taky zvířata – krávy, ovce, prasata, morčata… Dcera se teď zajímá o koně, tak byla nadšená, že se o ně může starat. Starší syn zase nejvíc obdivoval králíky. Jen mladší syn chtěl pořád vidět opice, jak je na ně zvyklý ze zoo.
A byli jste tam jen na jeden den?
Ne, přespali jsme tam a v neděli jsme ještě byli plavat v jezírku a jeli jsme na kole na výlet. Jo, a na farmě jsme se taky výborně najedli, mají tam restauraci a dva obchody, kde nabízejí vlastní bioprodukty.
To vypadá zajímavě.

Určitě ti to doporučuju! Podívej se na to na internet a uvidíš.

Track 24

Pája márád zvířata
Zvířata mám rád, jsou pro mě inspirace.
Jsem rychlý jako zajíc…
…silný jako lev…
…zdravý jako ryba…
…moudrý jako sova
a pracovitý jako mravenec!
Brácho, nenaparuj se tady jako krocan.
Někdy jsi jako slon v porcelánu…
…tvrdohlavý jako beran…
…zvědavý jako opice…
… a mlsný jako koza.
A když máš uklízet, jsi pomalý jako šnek…
…a pak máš hlad jako vlk!
Hi, hi, hi…
Teď jsem asi červený jako rak.

Track 25

z něho, z předchozí
k narozeninám, k fotografiím
v bytě, v diskuzi, v zoo; v práci, v soutěži
s křečkem, s morčetem, s nimi, s kým, s rodinou
Ale: v areálu, s občerstvením
Pozor: z něho × z předchozí; v bytě × v práci

Lektion 12

Track 26

V této nahrávce slyšíte dětskou výslovnost.
Mně se líbí tohle [*kol.* todle] auto, to bych chtěl mít doma.
Já taky.
Ne, ty budeš mít to modré. Jsi menší, tak budeš mít menší auto.
Tak dobře.

Track 27

A co tvoje záda, už tě nebolí?
Bolí, ale je to lepší. Mám teď nového fyzioterapeuta a chodím na rehabilitace. Taky každé ráno cvičím a opravdu to pomáhá. Cítím se mnohem líp.

Track 28

Půjdeš dneska taky na ten koncert?
No, já bych chtěla, ale rodiče mě nepustí. Musím se učit, protože zítra píšu test z biologie a potřebuju dobrou známku.

Track 29

A jak dlouho v té firmě pracuješ?
Jenom dva měsíce. Mám zkrácený úvazek, protože ještě studuju. Ale po škole bych tam chtěla zůstat, líbí se mi tam.

Track 30

V této nahrávce slyšíte dětskou výslovnost.
Tak vidíš, že jezdím líp než ty!
No dobře, ty umíš jezdit na skatu, ale já zase hraju fotbal. Včera jsme měli zápas a vyhráli jsme 3:0. A já jsem dal dva góly!

Track 31

Pamatuješ, jak jsme se loni ztratili v Indonésii na Borneu? To bylo dobrodružství.
No, já si pamatuju, že jsem se bála, že nenajdeme cestu zpátky a budeme muset spát v džungli. Takže letos pojedeme s dětmi do Španělska, tam žádná džungle není!

Track 32

V této nahrávce slyšíte dětskou výslovnost (Anička, Honzík).
Anička říká: Já chodím na základní školu do třetí třídy. Ve škole mě to baví a mám moc ráda naši paní učitelku.
Pavel říká: Studuju na Vysoké škole ekonomické a jsem teď trochu ve stresu, protože za měsíc dělám bakalářské zkoušky.
Marek říká: Já chodím do sedmé třídy. Škola mě moc nebaví, ale rád chodím na kroužek informatiky a florbal.
Honzík říká: Já chodím do školky a tam si pořád hraju. A taky chodíme na hřiště.
Lucie říká: Já studuju na gymnáziu a jsem spokojená, protože máme výborné profesory. Zajímám se hlavně o chemii a biologii, chci být vědkyně.

Track 33

Ája a Pája vzpomínají na školu
Vy jste ideální pár. Jak dlouho se znáte?
Už ve školce jsme byli nejlepší kamarádi.
Opravdu?
Na základce jsme spolu seděli v lavici. Moc jsme si rozuměli.
Vážně?
Často jsme se spolu učili…
Fakt?
… a tak jsme měli vždycky výborné známky.
Jo?
Na gymplu jsme měli oči jenom pro sebe.
Hmmm!
Maturovali jsme ve stejný den. To nás uklidnilo.
A na vysoké jsme se plně soustředili na studium.
Ha, ha!
No, já si to teda pamatuju trochu jinak!

Track 34

škola – ve škole
práce – do práce
závody – na závody
dětství – od dětství
studenty – se studenty
počasí – o počasí
cvičení – ze cvičení
školní běh – pro školní běh

Lektion 13

Track 35

Matěj, 11 let: K snídani jsem měl chleba s marmeládou a hrnek kakaa. K svačině jsem snědl několik koláčů, co upekla babička, ty mám moc rád. Na oběd jsme měli maso, bramborové knedlíky a špenát. Knedlíků a masa jsem snědl hodně, ale špenátu jenom trochu, protože mi nechutná. Odpoledne jsem byl s kamarádem venku a koupili jsme si zmrzlinu, pak pytlík bonbonů a taky láhev koly. K večeři byly těstoviny se sýrem.

Track 36

Olga, 43 let: Ráno nikdy nesnídám, ale musím mít velký hrnek kávy. Dopoledne si obvykle dávám nějaký jogurt, ale včera jsem měla banán. K obědu jsem si dala zeleninovou polévku, rybu a trochu brambor. K svačině jsem snědla sendvič se sýrem a potom pár jahod. Večeřela jsem zeleninový salát s kuřecím masem a k tomu jsem vypila sklenici džusu.

Track 37

Rudolf, 58 let: Na snídani jsem měl vajíčka se slaninou a chlebem. K obědu byla zelňačka a svíčková. Byla výborná, tak jsem si přidal a snědl asi pět knedlíků. Odpoledne jsem měl k čaji kus bábovky. Sladké normálně moc nemusím, ale byli jsme na návštěvě, tak jsem ochutnal. K večeři jsem si dal tlačenku s cibulí, no a pak jsem u televize vypil pár piv.

Track 38

Takže, co tady na tom seznamu máme?
Smetanu…
A kde je smetana?
Tamhle vlevo vedle jogurtů. Vidíš to?
Jo, vezmu ji. … Tak tady je jeden kelímek smetany.
Pak ještě brambory a cibuli.
Dobře, koupíme kilo brambor a půl kila cibule. Cibule není nikdy dost, ta se často používá.
Hele, a tady je kopr.
Ten taky potřebujeme. Takže vezmeme kopr a teď ještě kmín. Kde tady mají kmín?
Myslím, že tady vpravo.
Aha, kmín, kmín… Už ho mám. Takže jeden sáček kmínu. Nepotřebujeme taky bobkový list?

Ne, ten doma je.
Jo, takže jako poslední ještě půlku chleba.
A pro mě ještě láhev piva! Koupím si Plzeň, ta je dobrá. Nechceš taky?

Track 39
Ája drží dietu
Co to děláš, Ájo?
Sestřenice bude mít svatbu a já se nevejdu do šatů.
Musím držet dietu!
Čtyři týdny do svatby
Dneska jsem připravila speciální oběd.
Mňam!
Co to je?
Pohanka s brokolicí.
Je to dobré, zdravé a dietní!
Hmm…
Tři týdny do svatby
Dneska jsem udělala i moučník.
Mňam!
Co to je?
Mrkvové sušenky.
Je to zdravé a dietní!
Aha…
Dva týdny do svatby
Víš co? Dneska půjdeme do restaurace.
Hurá!
Vegetariánská restaurace
Co to je?
Zelí! Je to… dietní!
Ach jo…
Jeden týden do svatby
No tohle, Ájo!
A co tvoje dieta?
S dietou končím. Zítra si jdu koupit nové šaty!

Track 40
zelenina, uzeniny, konzumovat, dodržovat dávali si, nakrájeli, limonáda, tvarohový důležitý, rozmícháme, zajímají, používá

Lektion 14

Track 41
V této nahrávce slyšíte obecnou češtinu.
Prosím vás, nevíte, kde je Rudolfinum?
No, to je v centru, musíte jet metrem.
A kde je metro?
Vidíte támlecten žlutej barák, támdle vpravo? Jak jezděj ty tramvaje? Tam je metro.
Aha, a za jak dlouho tam budu? Spěchám na koncert…
Nevim… Musíte nejdřív céčkem na Muzeum, tam přestoupíte na áčko a pak ještě dvě stanice na Staroměstskou. Vocaď tak asi za dvacet minut.
Tak děkuju, na shledanou.
Prosim, na shledanou.

Track 42
V této nahrávce slyšíte brněnský dialekt.
Prosím vás, kudy se jde na výstaviště?
To je blízko. Běžte tady dolů na Mendlák, jak jezdijou šaliny.
Mendlák?
Mendlovo náměstí, to máte kousek. A odtama jeďte šalinou, jedničkou, jednu zastávku.
A můžu jít pěšky?
Ale jo, od Mendláku běžte Veletržní ulicou, pořád rovně, to máte asi štyry pět minutek nebo trochu víc. A tam, jak jsou všude zaparkované auta, tam je aj to výstaviště.
Děkuju, na shledanou.
Na zledanou.

Track 43
V této nahrávce slyšíte ostravský dialekt.
Dobrý den, prosím vás, jak se dostanu na Městský stadion?
Vy jedete na Zlatu tretru, že? To musite tramvajkou, bo to mate daleko.
A jaká tramvaj tam jede?
Tu z teto zastavky jedu všecky na Elektru. Tam přestoupite na jedenactku.
Ja tam tež jedu, ja to pánovi ukážu.
Moc děkuju. Na shledanou.
Na shledanou.

Track 44
Tak co, Mateo, jak se ti tady líbí?
Moc. Naše škola pro nás každý víkend organizuje výlety po České republice. Minulou sobotu jsme byli v Karlových Varech. Je to takové klidné lázeňské město, ale je populární a jezdí tam hodně turistů. Seznámili jsme se tam dokonce s nějakými studenty, kteří taky studujou v Praze češtinu.
A co ještě plánujete?
Příští víkend se těším na výlet do Českých Budějovic a do Českého Krumlova, to vypadá moc zajímavě. Pojedeme tam jako obvykle s učitelkami ze školy a bude nás tentokrát hodně. O Krumlově jsme se učili na kurzu a všichni jsme na něj zvědaví.
A chtěl bys vidět ještě něco?
Než odjedu z Česka, chtěl bych se určitě ještě podívat někam na Moravu, třeba do Brna, do Olomouce nebo do Kroměříže. Doufám, že to škola zorganizuje, ale když ne, pojedu tam sám s kamarády.

Track 45
Ája překládá z češtiny do češtiny
Kde ta Ája je?
Ájo, no konečně! Už na tebe čekáme snad hodinu.
To je David, kolega z práce.
Ahoj, já jsem Ája.
A to je Kayla. Studuje češtinu, ale v České republice je poprvé.
Čau Kaylo. Vodkaď seš?
Vodka? Chceš? … Eeee? Ne, vodku nechci. Já nepiju alkohol.
Ne, on se ptá, zkama jsi.
Skama? Si? … Promiňte, nerozumím.
Chtějí vědět, odkud jsi.
Aha, už rozumím. Já jsem z New Yorku. A vy?
Já su z Brna.
No a my s Ájou jsme vodsaď.
Su? Vocať? … Prosím? Cože?
David říká, že je z Brna, a my s Pájou jsme odsud, z Prahy.
Uf, díky, Ájo. Asi potřebuju překladatelku z češtiny do češtiny!

Track 46
spisovná čeština: Tady jezdí také tramvaje.
obecná čeština, například v Praze: Tady jezděj taky tramvaje.
dialekt v Brně a okolí: Tady jezdijou aji šaliny.
dialekt v Ostravě: Tu jezdi též tramvajky.

Lösungen

6/4 1. NE 2. NE 3. ANO 4. ANO 5. NE 6. ANO

6/Jazyk pod lupou V obchodech chybí hodiny a denní světlo, abyste nemysleli na čas a strávili tam delší dobu. Na některé zboží se používá speciální světlo, aby vypadlo lépe a čerstvěji. Hudba vás může přesvědčit, abyste bezstarostně nakupovali. Také se doporučuje, abyste šli jen tam, kam potřebujete.

7/6 1C, 2A, 3D, 4F, 5B, 6E

7/7 1. ty 2. ona 3. my 4. vy 5. já 6. oni 7. ty 8. on 9. my 10. vy

7/8 1. abych porovnal/a 2. abych vybral/a 3. abych nebyl/a 4. abych neutratil/a 5. abych nekoupil/a 6. abych neměl/a

7/10 Daniela a Marta nakupují rády, Mirek nakupování nesnáší.

7/11 1. Protože studuje a musí si sama platit jídlo a bydlení. 2. V secondhandu a outletu. 3. Na internetu. 4. Je to pohodlné a rychlé. 5. Protože ji to strašně baví. 6. Protože v obchodech skoro nic nebylo.

7/12 1. Mirek 2. Marta 3. Daniela

8/1 1.c 2.c 3.a 4.c 5.a 6.c

8/2 1. Jak často jíš/jíte čokoládu? 2. Kde obvykle kupuješ/kupujete čokoládu? 3. Podle čeho si vybíráš/vybíráte čokoládu? 4. Jakou čokoládu máš/máte rád/a? 5. Kdy kupuješ/kupujete čokoládu nejvíc?

8/3 1. (= ne na trhu,…) (= ne Němci,…) 2. (= ne dvakrát týdně,…) (ne maso,…) 3. (= ne hořkou čokoládu,…) (= ne Američani,…) 4. (= ne na Velikonoce,…) (= ne mléko,…)

8/4 1. Vybíráte si čokoládu podle chuti, nebo ceny? 2. Vybral jsem si kvalitní hořkou čokoládu. 3. Dala bych si čokoládový dort a kávu. 4. Mám rád bílou čokoládu, ale dneska si koupím mléčnou. 5. Nekoupím si čokoládu, protože jsem si žádnou nevybrala.

9/5 1. Čokoládu. 2. Příští měsíc otevírá čokocukrárnu.

9/6 1. NE 2. ANO 3. ANO 4. NE 5. ANO 6. NE 7. ANO

9/Jazyk pod lupou *genitiv, já:* mě, *ona:* jí, *dativ, oni:* jim, *akuzativ, ona:* ji, *vy:* vás

9/8 1. ji 2. je 3. jim 4. je 5. jim 6. je 7. jí 8. ji 9. ji 10. jí

10/2 1. Aukro; Elektronika; Móda; Dům a zahrada; Děti; Auto-moto; Sport; Krása; hudba, knihy 2. kolo – Sport; počítač – Elektronika; nábytek – Dům a zahrada; boty – Móda; parfém – Krása; slovník – Hudba, knihy; pneumatiky – Auto-moto; hračky – Děti

14/2 1E, 2D, 3A, 4C, 5B, 6G, 7F

14/3 1. Václav 2. Magda 3. Sevan 4. Václav 5. Magda 6. Magda 7. Sevan 8. Václav 9. Sevan 10. Sevan

14/4 1. Na poštu. 2. Od září. 3. Potvrzení. 4. Na zahrádce. 5. Že nemá zdravotní komplikace. 6. Jít něco vyřídit do zdravotní pojišťovny. 7. Protože půjde na úřad Ministerstva vnitra. 8. Čtyři roky. 9. Příští rok. 10. Na živnostenský úřad a do banky.

15/Jazyk pod lupou 1. kdo 3. komu 4. co 6. čem 7. kým

15/6 1. Kdo 2. Komu 3. Co 4. Koho 5. čem 6. čím 7. co 8. koho

15/8 1. malým 2. Francouzskému 3. Svého 4. zdravotního 5. svému 6. zdravotním 7. podnikatelském 8. Nějakého 9. bankovním

15/9 1. -mu, -ho, -ho 2. -ho, -m, -m 3. -m, -m, -m

16/2 1. Daniela 2. Miloš 3. Ivan 4. Kamila 5. Mustafa 6. Irena

16/3 1. Miloš volá do banky, protože si chce založit podnikatelský účet. 2. Irena je ve zdravotní pojišťovně, protože si potřebuje zařídit zdravotní pojištění. 3. Kamila je v bance, protože si potřebuje vyměnit řidičský průkaz. 4. Ivan je na městském úřadě, protože si potřebuje vyměnit řidičský průkaz. 5. Daniela volá na úřad práce, protože chce vědět, jaké mají úřední hodiny. 6. Mustafa volá na Ministerstvo vnitra, protože se chce objednat, aby si prodloužil dlouhodobý pobyt.

16/4 1. Ú 2. Ú 3. K 4. K 5. K 6. K 7. Ú 8. K 9. Ú

16/6 Na živnostenský úřad můžu jít v pondělí od osmi do pěti. Na městský úřad můžu jít ve čtvrtek od osmi do dvou. Do pojišťovny můžu jít v pátek od devíti do tří. Do banky můžu jít v úterý od jedné do šesti. Na cizineckou policii můžu jít ve středu od osmi do pěti. Na poštu můžu jít v sobotu od devíti do dvanácti. Na úřad práce můžu jít v pondělí od osmi do jedenácti.

17/3 1. Dávejte věci na stejné místo. 2. Vyhoďte nepotřebné věci. 3. Neodkládejte vyřizování věcí. 4. Některé věci nedělejte nebo omezte. 5. Věnujte čas rodině a kamarádům.

17/Jazyk pod lupou 1. a) rozdělte b) přečtěte, vypněte c) dělejte, dávejte 2. buďte, mějte

18/5 1. Dělej 2. Vstávej 3. Organizuj si 4. Pracuj 5. Uklízej si 6. Buď 7. Uč se 8. Najdi si 9. Vypni si 10. Nakupuj 11. Nekontroluj 12. Nedívej se 13. Nepovídej si 14. Neměj 15. Nebuď 16. Netelefonuj

18/7 vstávej včas, uklízej si pokoj, piš úkoly hned, vyber si jeden sport, vypni občas mobil, pomoz mi

18/8 1B, 2C, 3A, 4F, 5D, 6E

18/Jazyk pod lupou *Ma* > klientům; *F* > kamarádkám, > kolegyním; *Ma:* > -ům; *F:* > -ám, > -ím

22/2 2. prodavač, prodavačka 3. lékař, lékařka 4. novinář, novinářka 5. manažer, manažerka 6. policista, policistka, 7. poslanec, poslankyně 8. vědec, vědkyně

22/3 1. lékař 26. uklízečka

22/4 1. ANO 2. ANO 3. NE 4. NE 5. NE

23/Jazyk pod lupou 1. > muži, > prodavači, > poslanci

23/6 1. prodavači – vědci – manažeři 2. novináři – sportovci – programátoři 3. policisti/policisté – zemědělci – učitelé

23/7 uklízeči, hasiči, elektrikáři, veterináři, herci, doktoři, programátoři, instalatéři, úředníci, dělníci, politici, ředitelé, spisovatelé, fotografové, ekonomové

23/Jazyk pod lupou 1. > doktory, > instalatéry, > úředníky, > dělníky, > politiky, > ekonomy 2. > prodavače, > novináře, > poslance, > vědce, > učitele

23/8 1. Programátoři 2. programátory 3. Prodavači 4. prodavače 5. vědce 6. vědci 7. Úředníci 8. úředníky 9. manažery 10. manažeři

24/2 1. NE 2. ANO 3. NE 4. NE 5. NE 6. ANO 7. NE 8. NE 9. NE 10. ANO

24/3 1E, 2A, 3F, 4C, 5B, 6D

24/5 1. starat se 2. navrhnout 3. vytvořit 4. zeptat se 5. začít 6. odejít 7. vyhrávat 8. skončit 9. utratit

25/2 2. Zaměstnanec 3. benefity 4. dojíždět 5. plný úvazek 6. pracovní doba 7 v důchodu

25/4 1M, 2M, 3L, 4L

25/5 1C (M), 2F (M), 3A (M), 4D (M), 5H (L), 6B (L), 7I (L), 8E (L), 9G (M)

25/7 1. kolega 2. kolegové 3. Kolegyně 4. Kolegové 5. Kolega 6. kolegové 7. kolega

26/4 *Jitka stihla:* vytvářet prezentaci, komunikovat s kolegy, psát e-maily, podívat se na facebook *Ondřej stihl:* přečíst si zprávy, podívat se na film, chatovat s kamarády, hledat informace o kurzu, hrát hru *Jitka nestihla:* vytisknout nějaké dokumenty, vybrat nějaký dárek na internetu; *Ondřej nestihl:* upravit fotky a dát je na internet

26/5 www.zon-line.cz, www.worldcall.cz, www.ahojcesky.cz, www.nasemobily.cz

26/Jazyk pod lupou *adverbium:* 1. rychle, levně, dobře, perfektně 2. často, daleko 3. česky, anglicky

30/2 1. miniprase 2. papoušek 3. opice 4. šnek 5. vlk

30/4 1. Róza 2. Luk 3. Řehoř 4. Lóra 5. Amálka

31/8 1. rychle 2. roztomile 3. přítulně 4. hlučně 5. inteligentně 6. hezky 7. tiše/potichu 8. nebezpečně
31/9 1. roztomileji 2. inteligentněji 3. pomaleji 4. hlučněji 6. tišeji
31/11 Morče Pepík. Je aktivní, přítulné, vhodné pro děti, nenáročné, levné.
31/12 1. Dřív 2. víc 3. hůř 4. líp 5. déle 6. míň
31/Jazyk pod lupou *komparativ:* hůř, míň, víc, dřív, déle; *superlativ:* nejhůř, nejmíň, nejvíc, nejdřív, nejdéle
32/2 Janinka – PRO, Karel – PRO, Alena123 – PRO, Oleg – PROTI, Daša007 – PROTI
32/5 1. bez nich – (genitiv) 2. s nimi – (instrumentál) 3. o ně – (lokál), za ně – (akuzativ) 4. kvůli nim – (dativ) 5. o nich – (lokál)
32/Jazyk pod lupou *2. genitiv:* nich *3. dativ:* nim *4. akuzativ:* ně *6. lokál:* nich *7. instrumentál:* nimi
33/2 Byli na farmě Živá louka. V sobotu byli celý den v areálu vedle farmy. Děti si hrály na hřišti a na pískovišti. Viděli tam zvířata – krávy, ovce, prasata, morčata, koně, králíky. V neděli plavali v jezírku a jeli na kole na výlet. Taky jedli na farmě v restauraci.
33/3 1. NE 2. ANO 3. NE 4. ANO 5. NE 6. NE
33/4 1B, 2J/K, 3D, 4A, 5C, 6L/M, 7L/M, 8H, 9E, 10F, 11G, 12J/K, 13I
33/Jazyk pod lupou *slovesa + akuzativ:* navigaci, aktivity pro děti, králíky, vlastní bio produkty, farmu, farmu, farmu; *slovesa s prepozicí +akuzativ:* zoo, internet, manžela, farmu/víkend, manžela, koně/zvířata, koně
33/6 1. stánek s občerstvením 2. jezírko 3. pískoviště 4. pole
34/7 D Stánek; 1 Ovce, 2 Kozy, 3 Pole, 4 Jezírko, 6 Krávy, 9 králíci, 11 pískoviště, 12 slepice – kachny
34/8 1. hřiště 2. pískoviště 3. jezírka 4. králíci 5. koně 6. krávy 7. ovce
34/9 1. králíci, kuřata, koně, morčata, prasata 2. lvy, vlky, psy, gepardy, křečky, papoušky, šneky, tygry
38/3 1. 8 let. 2. Číst. 3. Když mu bylo 5 let. 4. Matematika a fyzika. 5. Mezinárodní houslovou soutěž. 6. 70 let. 7. Běh na 10 a 25 km a maraton. 8. Byla učitelka. 9. Chtěla motivovat studenty pro školní běh. 10. Pomáhá a radí seniorům, jak zůstat aktivní.
38/5 1. číst 2. pět/5 3. matematika a fyzika 4. šedesát/60 5. pro školní běh 6. běhání
39/7 1. Martin říká, že od čtyř let hraje na housle. 2. Martin říká, že začal mluvit velmi brzy. 3. Martin říká, že ho baví hrát na housle. 4. Martin říká, že ještě neví, jestli chce být houslista nebo fyzik. 5. Zdena říká, že ji baví běhat. 6. Zdena říká, že vyhrála závody na 10 a 25 kilometrů a maraton. 7. Zdena říká, že začala jezdit na závody, protože jí běhání šlo. 8. Zdena říká, že založila nadaci, kde pomáhá seniorům.
39/Jazyk pod lupou aby, ale, jestli, kdyby, když, nebo, protože, že
39/8 1. Zdeněk – ale 2. Lukáš – Kdybych 3. Eliška – Když 4. Marie – Až 5. Rudolf – protože 6. Iva – která
40/1 1. senioři/důchodci (65 let a víc) 2. dospívající (12–18 let) 3. dospělí (30–65 let) 4. děti (6–12 let) 5. mladí lidé (18–30 let) 6. malé děti (0–6 let)
40/3 Malé dítě… se narodí, učí se chodit a mluvit, hraje si, chodí do školky; Dítě… chodí na základní školu, učí se číst a psát; Dospívající… je v pubertě, chodí na střední školu, dělá maturitu (maturuje); Mladý člověk/Dospělý… studuje na vysoké škole, dělá státní zkoušky a promuje, hledá práci, chodí do práce, vydělává peníze, dělá kariéru, hledá partnera/partnerku, má svatbu, má a vychovává děti; Senior… je v důchodu, má vnoučata, umře
41/7 1. o hračkách/o autech 2. o zdravotních problémech 3. o škole 4. o práci 5. o sportu 6. o dovolené
41/Jazyk pod lupou *Ma+Mi:* > kamarádech, > učitelích, > filmech; *F:* > partnerkách, > hračkách, > knihách; *N:* > autech; *Ma+Mi:* + -ích; *F:* > -ách; *N:* > -ech
41/8 1. studentech 2. psech 3. koncertech 4. projektech 5. řidičích 6. spisovatelích 7. komentářích 8. počítačích 9. zkouškách 10. hrách 11. zemích 12. tradicích 13. autech 14. městech 15. lidech 16. dětech
42/2 1. Od 6 do 15 let. Mateřská, základní, střední, vyšší odborná a vysoká. 2. Mateřská škola A, Základní škola – 1. stupeň E, Základní škola – 2. stupeň C, Střední škola B, Vyšší odborná škola F, Vysoká škola D
42/3 1B, 2E, 3C, 4A, 5D
42/4 1. Marek. 2. Lucie. 3. Pavel. 4. Anička. 5. Honzík
46/4 1. svíčková a houskové knedlíky, pivo 2. jahodové knedlíky 3. zelná polévka (= zelňačka) 4. tvarohové, makové a ořechové koláče 5. pečená kachna, bramborové knedlíky a zelí 6. utopenci
46/5 strouhaný tvaroh 2, nakrájená cibule 6, rozinky 4, kousky klobásy nebo jiné uzeniny 3, osmažená cibulka 5, brusinky 1
47/8 *podle textu:* 1. NE 2. ANO 3. NE 4. ANO 5. NE 6. ANO
47/10 1. Myslíte, že se Češi stravují zdravě? 2. Češi se teď mnohem víc zajímají o to, co jedí. 3. V české kuchyni se používá málo zeleniny. 4. Doporučuje se jíst málo a pravidelně. 5. Když chcete být zdraví, musíte se vyhýbat stresu.
48/12 1. tučného masa, alkoholu, jídla, zeleniny. 2. zdravého životního stylu, pohybu i spánku, stresu
48/Jazyk pod lupou *Ma+Mi:* > Čechů, > knedlíků, > nápojů; *F:* > příloh, > uzenin; *Ma+Mi:* + -ů
48/13 Ve spíži jsou bonbony, vajíčka, koláče, rohlíky, špagety, třešně, vody/minerálky, pomeranče, okurky. Je tam málo bonbonů, vajíček, koláčů, rohlíků, špaget, třešní, vod/minerálek, pomerančů, okurek. Ve spíži jsou jogurty, vuřty (buřty), sušenky, banány, papriky, jablka, brambory, piva. Je tam hodně jogurtů, vuřtů (buřtů), sušenek, banánů, paprik, jablek, brambor, piv.
48/14 k snídani Matěj: chleba s marmeládou a kakao, Olga: káva, Rudolf: vajíčka se slaninou a chlebem; k svačině Matěj: koláče, Olga: banán, Rudolf: – – –; k obědu Matěj: maso, bramborové knedlíky a špenát, Olga: zeleninová polévka, ryba a brambory, Rudolf: zelňačka a svíčková s knedlíkem; k svačině Matěj: zmrzlina, bonbóny a kola, Olga: sendvič se sýrem a jahody, Rudolf: čaj a bábovka; k večeři Matěj: těstoviny se sýrem, Olga: zeleninový salát s kuřecím masem a džus, Rudolf: tlačenka s cibulí a pivo
49/2 1. ocet 2. sůl 3. vajíčka 4. houby 5. kmín 6. olej 7. kopr 8. cibule 9. smetana 10. mouka 11. brambory 12. bobkový list
49/3 Kupují: smetanu, brambory, cibuli, kmín, kopr. Navíc: chleba a Plzeň (pivo).
49/4 kelímek smetany, kilo brambor, půl kila cibule, sáček kmínu, láhev piva
49/5 brambor *(G pl.)*, hub *(G pl.)*, vajíček *(G pl.)*, octa *(G sg.)*, vody *(G sg.)*, kmínu *(G sg.)*, soli *(G sg.)*, smetany *(G sg.)*, mouky *(G sg.)*, hrnce *(G sg.)*, octa *(G sg.)*, kopru *(G sg.)*, čerstvých vajíček *(G pl.)*
50/1 1. smažit 2. krájet 3. vařit 4. dusit 5. míchat 6. přidávat 7. péct 8. lít
50/3 1. míchat 2. dusit 3. péct 4. krájet 5. smažit 6. vařit 7. lít 8. přidávat
50/4 1. Jana 2. Johana 3. Adam 4. Pavla
50/6 dušený, pečený, vařený, smažený
54/2 1. Filmový festival Karlovy Vary 2. Jizerská padesátka 3. Pražské jaro 4. Brněnské veletrhy 5. Zlatá tretra Ostrava 6. Folklorní festival Strážnice
54/3 1. Zlatá tretra Ostrava 2. Pražské jaro 3. Jizerská padesátka

4. Folklorní festival Strážnice 5. Brněnské veletrhy 6. Filmový festival Karlovy Vary
Akce s nejdelší tradicí: Brněnské veletrhy (od roku 1928); *Akce s nejkratší tradicí:* Jizerská padesátka (od roku 1968)
55/5 1B, 2C, 3A, 4E, 5D, 6F
55/6 1. se pořádá – reflexivní 2. se uděluje – reflexivní 3. se jezdí – reflexivní 4. je zahajováno – deskriptivní 5. je označován – deskriptivní 6. je zařazen – deskriptivní
55/7 Sylvie: Je v Praze. Rudolfinum – metrem; Kamila: Je v Brně. výstaviště – tramvají nebo pěšky; Jindřich: Je v Ostravě. Městský stadion – tramvají
55/8 1b, 2c, 3a
56/2 1F, 2C, 3A, 4E, 5D, 6B
56/3 1. NE 2. NE 3. ANO 4. ANO 5. ANO 6. ANO 7. NE
56/4 1B, 2G, 3F, 4A, 5C, 6D, 7E
57/5 1. medvědi 2. otáčivé hlediště 3. Slavnosti pětilisté růže 4. vodáci 5. vodník u mlýnského kola 6. Schielův obraz
57/6 1a, 2f, 3b, 4d, 5e, 6c
57/Jazyk pod lupou *singulár: 1.* který, které *6.* které; *plurál: 1.* kteří, *4.* které
57/7 1. v jižních Čechách; ve 13./třináctém století 2. renesanční zámek, gotický kostel svatého Víta, úzké starobylé uličky Vnitřního města a čtvrť Latrán. 3. rakouský malíř Egon Schiele. 4. Slavnosti pětilisté růže. 5. medvědi a vodníci
58/2 1b, 2c, 3c, 4a, 5c, 6b
58/Jazyk pod lupou *Ma:* > kamarády, > studenty, > rodiči, > turisty; *F:* > kamarádkami, > učitelkami, > kolegyněmi; *Ma:* + -i, > -y; *F:* + -mi, + -mi
62/1 1. (nákupní) vozík 2. nákupní seznam 3. reklamní leták 4. (nákupní) košík 5. trh 6. sezónní slevy
62/3 1G, 2B, 3F, 4H, 5A, 6C, 7E, 8D
62/4 1. využívám 2. nenakupuju 3. čtu 4. beru si 5. porovnávám 6.utratím
62/5 1. Ve výši očí. 2. Hodiny a denní světlo. 3. Speciální světlo. 4. Hudbu. 5. Vůně. 6. Zboží je v akci / ve slevě. 7. Předem si napsat seznam; brát si košík, ne vozík; jít jen tam, kam potřebujeme; najíst se před nákupem.
63/6 1. šetřit/ušetřit 2. světlo 3. vůně 4. dražší 5. nakupovat/nakoupit
63/7 1. ~~Levnější~~ Dražší 2. ~~květiny~~ hodiny 3. ~~čokoláda~~ světlo 4. ~~Světlo~~ Hudba 5. ~~cena~~ vůně
63/8 1. aby lidé nemysleli na čas. 2. abyste ho dobře viděli 3. abychom bezstarostně nakupovali 4. aby zboží vypadalo čerstvěji
63/9 1. Jdu na trh, abych nakoupil/a čerstvou zeleninu. 2. Čtu reklamní letáky, abych věděl/a, kolik co stojí. 3. Zajímám se o slevy a akce, abych ušetřil/a. 4. Porovnávám ceny zboží, abych věděl/a, co je levnější. 5. Nakupuju přes internet, abych nemusel/a nosit těžké tašky. 6. Nakupuju rychle, abych neztrácel/a zbytečně čas. 7. Píšu předem nákupní seznam, abych nekupoval/a zbytečné věci. 8. Nakupuju ve slevě, abych ušetřil/a peníze.
63/10 1. abys nekupoval/a 2. abys nechodil/a 3. abys nebyl/a 4. abys nekupoval/a 5. abys porovnával/a 6. abys napsal/a 7. abys nekupoval/a 8. abys víc šetřil/a
64/12 1. kilo čokolády 2. hořká čokoláda 3. mléčná čokoláda 4. bonboniéra 5. bílá čokoláda 6. horká čokoláda
64/13 1E, 2D, 3C, 4B, 5A
64/14 1. sladkého 2. malého 3. dobrého 4. studeného 5. slaného
64/15 1B, 2C, 3A, 4C, 5A, 6B, 7B, 8A, 9C, 10C, 11B, 12A
64/16 1b, 2a, 3a, 4b, 5a, 6b
65/17 1F, 2G, 3I, 4D, 5A, 6C, 7E, 8B, 9H
65/18 1. 3 roky. 2. Protože ji miluje. 3. Kvalitu. 4. Fairtrade. 5. V Africe, Jižní Americe a Asii. 6. Extrémně nízké. 7. Děti. 8. Spravedlivého obchodu. 9. Čokoláda a čokoládové výrobky. 10. Kávu, čaj a sušené ovoce. 11. Na ochutnávku do čokocukrárny. 12. Férová čokoláda.
65/19 1I, 2J, 3K, 4B, 5A, 6G, 7C, 8L, 9H, 10E, 11D, 12F
65/20 1. autobus 2. zácpa 3. později 4. objednat
65/20 1. Zeptala jsem se 2. Vyrobili jsme 3. se zeptala 4. dodrželi 5. Zúčastnili jsme se 6. Vybral jsem si 7. nabídl 8. pomohl 9. změnila 10. vypěstoval
66/21 1. je 2. ho 3. ho 4. jí 5. je 6. je 7. jim 8. mu 9. je 10. jí
66/22 1. Můžu vám nabídnout čaj nebo kávu. 2. Pomůžu ti s tím projektem. 3. Pozvali jsme ho na večeři do restaurace. 4. Zeptal jsem se jí na její plány. 5. Pomohli jsme mu napsat domácí úkol. 6. Myslím, že je to nezajímá.
66/23 Karla pečivo, Gustav víno, Jarmila květiny
67/25 Móda: učebnice; Dům a zahrada: slovník; Děti: gril; Auto-moto: bazén; Sport: židle; Krása: karavan; Hudba, knihy: sporák
67/26 elektronika – elektronický, móda – módní, děti – dětský, sport – sportovní, hudba – hudební, knihy – knižní
67/27 1. hudební 2. sportovní 3. elektronická 4. dětský 5. sportovní 6. knižní
67/28 1. Retro křeslo. 2. Na kuchyňský robot. 3. Lyžařská helma. 4. Dětské kolo. 5. Ne. 6. Ne. 7. Ne. 8. Robot. 9. 90 Kč. 10. V Ostravě. 11. Ano. 12. V Praze 5 na Smíchově.
68/29 1. 3 + 1. 2. Rock. 3. V parku. 4. Ne, doufá, že bude dost sněhu. 5. Ne, koupili si vlastní. 6. Ne, zaplatí jí kurz. 7. Na Slovensko. 8. Obývák. 9. V únoru. 10. Hrát na nějaké akce. 11. Příští týden; s přítelem. 12. Ne, v penzionu.
68/31 1. papírnictví 2. květinářství 3. obuv 4. knihkupectví 5. trafika 6. potraviny 7. elektro/elektronika 8. drogerie 9 lékárna
69/1 1. pojištění 2. úřad 3. účet 4. pobyt 5. oprávnění 6. povolení 7. dovolená 8. průkaz 9. balík 10. potvrzení 11. platnost
69/2 1. úřad 2. dovolená 3. pobyt 4. pojištění 5. účet 6. průkaz 7. oprávnění 8. povolení
69/3 1V, 2S, 3M, 4S, 5V, 6V, 7M, 8S, 9M, 10M, 11V, 12S
69/4 1. zdravotní pojištění 2. řidičský průkaz 3. podnikatelský účet 4. platnost 5. městský úřad 6. dlouhodobý pobyt 7. balík 8. rodičovskou dovolenou 9. potvrzení 10. živnostenské oprávnění
69/5 prodloužit si, vyřídit, vyměnit, poslat, stihnout, zakládat, trávit, žádat o
70/6 Musím jít na úřad práce, abych tam vyřídila nějaké potvrzení. 2. Musím jít na městský úřad, abych si vyměnil řidičský průkaz. 3. Musím jít do banky, abych si založil podnikatelský účet. 4. Musím jít do směnárny, abych si vyměnil peníze. 5. Musím jít na poštu, abych poslala balík kamarádovi. 6. Musím jít na nějaké pracoviště Ministerstva vnitra, abych požádal o trvalý pobyt. 7. Musím jít do práce, abych požádala o rodičovskou dovolenou.
70/7 1. protože 2. že 3. aby 4. který 5. Kdyby 6. kde 7. Když 8. ale 9. a tak
70/8 měnit (si) / vyměnit (si), zařizovat (si) / zařídit (si), vyřizovat (si) / vyřídit (si), prodlužovat (si) / prodloužit (si), zjišťovat / zjistit, žádat o / požádat o, posílat / poslat
70/9 minulý čas: poslal jsem, požádal jsem o, zařídil jsem (si), založil jsem (si) vyměnil jsem (si), vyřídil jsem (si), prodloužil jsem (si); budoucí čas: pošlu, požádám o, zařídím (si), založím (si), vyměním (si), vyřídím (si), prodloužím (si)

71/13 *genitiv:* koho, čeho *dativ:* komu, čemu *akuzativ:* koho, co *lokál:* kom, čem *instrumentál:* kým, čím
71/14 1. Čemu 2. U čeho 3. Pro koho 4. Ke komu 5. Od koho 6. Kvůli komu 7. Na co 8. Na čem 9. S kým 10. Od koho 11. O čem 12. Bez čeho
71/15 1. kým – S celou rodinou. 2. koho – U jednoho známého architekta. 3. kým – S jedním sympatickým Skotem. 4. Koho – Skota. 5. Komu – Nejstaršímu osmnáctiletému synovi. 6. Koho – Malou pětiletou dceru. 7. Koho – Prostředního desetiletého syna. 8. komu – K nějakému dobrému očnímu doktorovi. 9. Komu – Své zapomnětlivé manželce. 10. komu – K jejich vdané dceři. 11. Co – Zimní boty. 12. koho – Pro jejich malého vnuka.
72/16 1D, 2A, 3B, 4E, 5F, 6C, 7G
72/17 1. občanský průkaz 2. průkaz, *kol.* kartička zdravotního pojištění 3. vybírat/vybrat peníze z bankomatu 4. živnostenské oprávnění, *kol.* živnosťák 5. řidičský průkaz, *kol.* řidičák 6. měnit/vyměnit eura za koruny
72/18 1. eura 2. občanský průkaz 3. podepište 4. hotové 5. úřední hodiny 6. do pěti 7. na půl třetí 8. v půl desáté
72/20 1. autobus 2. zácpa 3. později 4. objednat
73/21 1. 8–18 hodin. 2. Ne. 3. Do 14:30. 4. 8:00–15:30. 5. Na Ministerstvo vnitra ČR. 6. 9:00–13:00. 7. Ano. 8. 8:00–15:00.
73/22 2. čtvrt 3. půl 4. tři čtvrtě 6. čtvrt 7. půl 8. tři čtvrtě
74/25 1. nevypíná 2. nehraje 3. neodkládá 4. nedělá 5. netráví 6. se nikdy nedívá 7. si nikdy nečte
74/26 minulý čas*:* vypnul jsem, zapnul jsem, odložil jsem, zkontroloval jsem, dal jsem, podíval jsem se, přečetl jsem, vyřídil jsem; budoucí čas*:* vypnu, zapnu, odložím, zkontroluju, dám, podívám se, přečtu, vyřídím
75/28 1F, 2C, 3E, 4A, 5D, 6G, 7B
75/29 1. málo 2. zorganizovat 3. stejné 4. hůř 5. času 6. přísnější 7. dvakrát 8. nezapínejte 9. schůzku 10. vidět
75/30 1. NE 2. ANO 3. NE 4. ANO 5. NE 6. NE
75/31 rozdělit, rozděl; domluví si, domluvte; si přemýšlej, přemýšlejte; nezapomenou, nezapomeň; vypnou, vypněte; číst, čti; dávat, dávej; vstávají, vstávejte; neodkládat, neodkládejte; dělat, dělají; nedívej se, nedívejte se
76/32 1. Jolaně bych řekl/a: Vypni to! 2. Zuzaně bych řekl/a: Vstávej, už je ráno! 3. Davidovi bych řekl/a: Nakupuj přes internet! 4. Martině bych řekl/a: Uč se! 5. Simoně bych řekl/a: Netelefonuj tak dlouho! 6. Filipovi bych řekl/a: Uklízej si každý den pracovní stůl! 7. Patrikovi bych řekl/a: Nedívej se pořád na televizi! 8. Lucii bych řekl/a: Nepovídej si v práci s kolegyní!
76/34 1. Uklízej si pokoj! 2. Piš úkoly hned! 3. Vyber si jeden sport a dělej ho pořádně! 4. Občas vypni ten telefon! 5. Pomoz mi!
77/36 1H, 2D, 3B, 4G, 5A, 6E, 7C, 8I, 9F
77/37 1. kamarádům a kamarádkám 2. sousedům a sousedkám 3. spolužákům a spolužačkám 4. bratrům a sestrám 5. studentům a studentkám 6. klientům a klientkám 7. doktorům a doktorkám 8. dědečkům a babičkám 9. rodičům a sourozencům 10. kolegům a kolegyním 11. bratrancům a sestřenicím 12. dětem
77/38 manželovi – Komu jsi to řekla? 2. kamarádovi – Komu jsi ho poslala? 3. bratrovi – Komu sis stěžovala? 4. doktorovi – Ke komu ses objednala? 5. sousedce – Komu jsi to řekl? 6. spolužačce – Komu jsi pomohl? 7. klientce – Komu jste dobře poradili? 8. kamarádce – Komu často voláš? 9. příteli – Komu jsi zavolala? 10. bratranci – Ke komu chceš jet o víkendu? 11. kolegyni – Komu jsi koupil dárek? 12. přítelkyni – Komu jsi napsal e-mail?
77/39 1. doktorovi, 2. babičce, 3. kamarádce, 4. dědovi, 5. narozeninám, 6. bratrovi, 7. dětem, 8. lidem, 9. sousedům, 10. kolegům a kolegyním, 11. šéfovi
78/1 1. vědec 2. novinář 3. lékař 4. poslanec 5. prodavačka, 6. policistka 7. poslankyně 8. manažerka 9. vědkyně
78/2 1. elektrikář 2. zdravotní sestra 3. farmář 4. úřednice 5. truhlář 6. číšník 7. uklízečka 8. veterinář 9. pošťák 10. hasič 11. automechanik 12. programátor
78/3 1. Farmář/ka 2. Truhlář 3. Poslanec/poslankyně 4. Programátor/ka 5. Hasič 6. Elektrikář 7. Lékař/ka 8. Veterinář/ka
79/4 1. Pošťák. 2. Automechanik. 3. Úřednice. 4. Zdravotní sestra, uklízečka…
79/5 1B, 2C, 3E, 4A, 5F, 6D
79/6 1b, 2b, 3b, 4a, 5b, 6b
79/7 1. manažeři, programátoři, profesionální sportovci, lékaři, vědci, učitelé, zdravotní sestry 2. uklízeči, prodavači, sekretářky, poslanci
79/8 manažery, programátory, uklízečky, prodavače, zdravotní sestry, číšníky, servírky, prodavačky, IT specialisty, dělníky, řidiče, elektrikáře
79/9 1. lékaře 2. Lékaři 3. Prodavači 4. prodavače 5. Vědci 6. vědce 7. poslance 8. Poslanci 9. manažeři 10. manažery
80/10 1. spisovatel (spisovatelka) 2. důchodce (důchodkyně) 3. redaktor (redaktorka) 4. producent (producentka) 5. vapmyrolog (vampyropložka)
80/11 1. Básně. 2. Mnoho. 3. Pracuje jako redaktorka, a hlavně píše romány. 4. Je vampyroložka. Zajímá se o upíry. 5. 15 románů a 2 o magii. 6. Filmový scénář. 7. Producenta. 9. Když mu byly 4 roky. 10. Dědeček. 11. Důchodcem. 12. Každý den. 13. Kvůli pokeru. 14. 2. místo na mistrovství světa v Las Vegas. 15. Za cestování.
80/12 2. končit 3. vyhrávat 4. psát 5. prodávat 6. mýt 7. odcházet 8. navrhovat 9. ptát se 10. utrácet 11. tvořit 12. začínat 13. učit se 14. starat se
80/13 1. se učil 2. jsi uklidila 3. skončil 4. uvařila, umyl 5. psala 6. vyhráli 7. odešel 8. Ptal jsem se 9. uklízel 10. navrhl, řekla 11. vytvořil 12. staral jsem se
81/15 1. podnikat 2. pomohla 3. vyrábějí 4. prosperovala 5. zaměstnanec 6. Pracovní doba 7. na plný úvazek 8. benefity 9. akce 10. do důchodu
81/16 1. Hned po roce 1989. 2. S bratrem. 3. Teta. 4. Francouzskou kosmetiku. 5. V roce 2015, kvůli konkurenci. 6. Pracuje jako manažer v jedné velké kosmetické firmě. 7. Míň. 8. Plný. 9. V půl páté/16.30. 10. Míň. 11. Ano; služební auto, bezplatný kurz angličtiny, stravenky a lístky na různé propagační kosmetické akce. 12. Až půjde do důchodu.
81/17 1. kým, kolegou 2. kom, kolegovi 3. koho, kolegy 4. Komu, Kolegovi 5. Koho, Kolegu 6. kolego
81/18 1. v kanceláři 2. pracuješ 3. Propustili 4. novou práci 5. nadřízeným
82/19 1. Lukáš 2. Václav 3. Helena 4. Oskar 5. Karel 6. Jarka
82/20 1B, 2G, 3F, 4A, 5D, 6H, 7C, 8E, 9I, 10J, 11K
83/23 1. Kdyby Ivan uměl upravovat fotky, posílal by fotky kamarádům. 2. Kdyby Ivan uměl tisknout na tiskárně, vytiskl by si to, co napsal. 3. Kdyby Ivan uměl skenovat dokumenty, naskenoval by si obrázky. 4. Kdyby Ivan uměl používat skype, skypoval by s vnučkou, která žije v USA. 5. Kdyby Ivan uměl vytvářet prezentace, vytvořil by prezentaci o zemích, které navštívil v létě. 6. Kdyby Ivan uměl používat sociální sítě, věděl by, co dělají bývalí kolegové z práce.
83/24 1. klávesnice 2. myš 3. sluchátka 4. tiskárna 5. nabíječka 6. reproduktor, *coll.* reprák 7. USB kabel konektor 8. zásuvka 9. flash disc, *kol.* fleška

83/25 1. klávesnici 2. televize 3. tiskárnu 4. nabíječky/na nabíječku 5. monitory 6. zásuvky 7. flešce 8. kabelu 9. reproduktory 10. kameru
84/26 1B, 2C, 3A, 4E, 5D
84/27 1. rychle 2. daleko 3. dlouho 4. česky
84/28 1. levný, levně 2. pomalu, pomalá 3. špatně, špatný 4. dlouhý, dlouho 5. teplý, teplo 6. smutně, smutný 7. hezky, hezký 8. výborné, výborně
84/29 1. Honem, jdeme pozdě! 2. To je teplo! 3. Dneska jsem spala výborně! 4. Kde jsi byl tak dlouho? 5. Prosím tě, dej tu televizi nahlas. 6. Je to ještě daleko? 7. Vypadáš smutně. Co se stalo? 8. Prosím tě, buď tiše/zticha! 9. Je mi špatně.
85/1 1. papoušek 2. rybička 3. opice 4. prase 5. pes 6. křeček 7. králík 8. šnek 9. had 10. kráva 11. morče 12. vlk 13. koza 14. kočka 15. kůň 16. ovce
85/2 1. Ma 2. F 3. F 4. N 5. Ma 6. Ma 7. Ma 8. Ma 9. Ma 10. F 11. N 12. Ma 13. F 14. F 15. Ma 16. F
85/3 1D, 2C, 3B, 4A, 5E
85/4 1. slizká 2. nebezpečné 3. barevný 4. pomalý 5. hlučná
86/6 1. O papouškovi. 2. O praseti. 3. O vlkovi. 4. O opici. 5. O šnekovi. 6. O opici. 7. O papouškovi. 8. O vlkovi. 9. O vlkovi. 10. O papouškovi. 11. O praseti. 12. O šnekovi.
86/7 1. Luka 2. Rózu 3. Amálku 4. Rózu 5. Řehoře 6. Amálku 7. Lóře
86/8 poslechnout, pořídit si, říct, zvykat si
86/9 1. hrozně 2. rozhodně 3. Dlouho 4. trochu 5. opravdu 6. strašně 7. vtipně 8. rychle
86/10 1. hlučně, hlučněji, nejhlučněji 2. roztomile, roztomileji, nejroztomileji 3. pomalu, pomaleji, nejpomaleji 4. inteligentně, inteligentněji, nejinteligentněji 5. tiše, tišeji, nejtišeji
86/11 1B, 2C, 3A
87/13 *genitiv:* nich; *dativ:* tobě, němu, nám; *akuzativ:* ni; *lokál:* něm, vás; *instrumentál:* mnou, tebou, ní
87/14 1. ní 2. ním 3. ní 4. němu 5. ně 6. ně 7. nim
87/15 1. tebe, mě, ním 2. vás, nim 3. nás, ní 4. tobě, němu, ně 5. ně, ně
87/16 1. strašně moc 2. Tvrdili 3. pořídili 4. hrozně roztomilý 5. Výhoda je 6. si užijeme
88/18 1. s, na 2. na 3. od 4. na 5. V, v 6. vedle 7. o 8. o 9. Na 10. V, v 11. na, na 12. na, na
88/19 1. je 2. je 3. ho 4. ji 5. ji 6. ho 7. ji 8. něho/něj 9. ni 10. něho/něj 11. ně 12. něho/něj 13. ně 14. ně
88/20 1. louka 2. dětské hřiště 3. pískoviště 4. parkoviště 5. jezírko 6. pole
88/21 1. jezírko 2. louka 3. dětské hřiště 4. pole 5. pískoviště 6. parkoviště
88/22 hady, gepardy, šneky, rybičky, lvy, papoušky, opice, vlky, tygry
89/23 1. králíci, králíky 2. lvi, lvy 3. vlci, vlky 4. sloni, slony 5. tygři, tygry 6. psi, psy 7. křečci, křečky 8. morčata, morčata 9. prasata, prasata 10. krávy, krávy 11. kachny, kachny 12. kozy, kozy 13. slepice, slepice 14. opice, opice 15. ovce, ovce 16. kuřata, kuřata 17. koně, koně 18. papoušci, papoušky
90/25 část B je na konci Klíče.
A. Odpovědi na to, co chce vědět Irena: 1. od devíti do 17 hodin 2. dvoulůžkové a třílůžkové. 3. africké speciality 4. druhého června 5. dětské hřiště
B. Odpovědi na to, co chce vědět David: 1. od devíti do osmnácti 2. 155 Kč. 3. desátého srpna 4. přímo u zoo 5. sociální zařízení a televize
91/1 1B, 2C, 3F, 4E, 5G, 6D, 7A
91/2 1. NE 2. ANO 3. NE 4. ANO 5. NE 6. NE 7. NE 8. ANO 9. NE 10. NE
91/3 1. Martin 2. Zdena 3. Zdena 4. Martin 5. Martin 6. Zdena 7. Martin 8. Zdena
91/4 1C, 2A, 3E, 4D, 5B
91/5 1. kytaru 2. do života 3. kouřit 4. školu 5. běhat
91/6 3. David je pětiletý. 4. Roman je šedesátiletý. 5. Jarmila je sedmdesátiletá. 6. Jakub je třináctiletý. 7. Eva je čtyřicetiletá. 8. Linda je devatenáctiletá.
92/7 1. jazyky – do ciziny 2. Líbí se mi – architektem 3. od čtyř let – soutěž 4. pomáhat – chudým lidem 5. v padesáti – květinářství 6. plavání – na olympiádu
92/8 1. Julie říká, že ji baví jazyky, a proto pojede studovat do ciziny. 2. Artur říká, že na klavír hraje od čtyř let a teď vyhrál mezinárodní soutěž. 3. David říká, že se mu líbí zajímavé moderní budovy, proto se chce stát architektem. 4. Nora říká, že vždycky chtěla pomáhat, a tak založila nadaci, která dává jídlo chudým lidem. 5. Laděna říká, že pracovala jako úřednice, ale v padesáti si pořídila květinářství. 6. Eliška říká, že jí jde plavání a jednou by chtěla jet na olympiádu.
93/9 1. Když 2. a proto 3. abych 4. protože 5. proto 6. Když 7. Kdybych 8. tak 9. I když 10. ale 11. že 12. jestli 13. a
93/10 1. Divný. 2. Ve třech letech. 3. V sedmi letech. 4. Zlomil si na horách nohu. 5. V osmi letech. 6. Různých soutěží. 7. Ne. 8. V šestnácti letech. 9. Matematika a jazyky. 10. Fyzika a chemie. 11. Obecnou lingvistiku. 12. Být nejlepší šachistou v ČR
93/12 1. abych 2. I když 3. jestli 4. když 5. protože 6. Až 7. a 8. proto 9. I když 10. ale 11. jestli 12. Kdybych, tak
94/13 1. malé dítě 2. dítě 3. mladý člověk 4. senior, důchodce 5. dospělý 6. dospívající
94/14 1. ~~studují na vysoké škole~~ chodí do školy 2. ~~vychovávají děti~~ dělají maturitu 3. ~~jsou v důchodu~~ studují na vysoké škole 4. ~~chodí do školky~~ vychovávají děti 5. ~~dělají maturitu (maturují)~~ jsou v důchodu
95/16 1C, 2E, 3F, 4A, 5D, 6B
95/19 1. lécích 2. metodách 3. studentech 4. problémech 5. účtech 6. dokumentech 7. publikacích 8. akcích
95/20 1. prezidentovi – O kom? 2. kolegovi – O kom? 3. projektu – O čem? 4. filmu – O čem? 5. političce – O kom? 6. metodě – O čem? 7. víkendu – O čem? 8. spisovateli – O kom? 9. herci – O kom? 10. práci – O čem? 11. přítelkyni – O kom? 12. kolegyni – O čem?
96/21 1. mateřská škola (= školka) – 3–6 2. základní škola, první stupeň – 6–11 3. základní škola, druhý stupeň – 11–15 4. střední škola/gymnázium – 15–19 5. vysoká škola/univerzita – po maturitě, trvá 5/6 let
96/22 1. Patrik 2. Natálie 3. Vojtěch 4. Valentina 5. Dominik
96/23 1C, 2E, 3G, 4D, 5A, 6F, 7B
96/24 1. Obvykle od tří let 2. Obvykle v šesti letech. 3. Ano. 4. 9. 5. Ne. 6. Většinou ano. 7. Ne. 8. Ne. 9. Ne, může trvat 6 let.
96/25 *základní škola (1. stupeň):* první až pátá třída; *základní škola (2. stupeň):* šestá až devátá třída; *střední škola:* odborné učiliště, výuční list, maturovat, gymnázium, maturita, přijímací zkoušky; *vyšší odborná škola:* diplomovaný specialista, přijímací zkoušky; *vysoká škola:* promovat, magistr, promoce, bakalář, inženýr, přijímací zkoušky
97/26 1B, 2G, 3D, 4A, 5E, 6C, 7F
97/27 1. učiliště 2. vysokou školu 3. střední odbornou školu 4. vysokou školu 5. učiliště
97/28 1. Na učilišti se získá výuční list. 2. Na vysokou školu se chodí až 6 let. 3. Na základní školu se chodí od 6 do 15 let. 4. Na vysokou školu se dělají přijímací zkoušky. 5. Do mateřské školy se chodí v pěti le-

tech. 6. V magisterském programu se získá titul magistr, inženýr nebo doktor medicíny. 7. Na gymnáziu nebo střední odborné škole se dělá maturita.
97/29 1B, 2A, 3G, 4E, 5C, 6D, 7F
97/30 1. JUDr. 2. MUDr. 3. Ing. 4. PhDr./Ph.D.
97/31 1. paní magistro 2. paní inženýrko 3. pane doktore 4. pane inženýre 5. paní doktorko 6. pane doktore
98/32 *přízemí:* šatna, schody, jídelna *1. patro:* tělocvična, chodba *2. patro:* 9. třída, schody, 1. třída *3. patro:* ředitelna, školní knihovna, sborovna
98/33 čeština – český jazyk, dějepis – historie, přírodopis – biologie, zeměpis – geografie, angličtina – anglický jazyk
98/35 1A, 2B, 3C, 4B, 5E, 6D, 7E, 8B, 9C, 10C, 11B, 12E
99/2 1C, 2D, 3H, 4G, 5A, 6I, 7B, 8F, 9E
99/3 1E, 2B, 3A, 4G, 5D, 6F, 7C, 8H
99/5 1. stravovací návyky 2. zdravá strava 3. Stravovat se 4. stravování
100/6 1C, 2A, 3G, 4D, 5F, 6B, 7E
100/7 1. že 2. I když 3. protože 4. a proto 5. ale – aby 6. a
100/9 Říká se, se jí, používá se, se vaří, se připravuje, jí se, se pijí, doporučují se
101/12 1. výrobků 2. salátů 3. limonád 4. piv 5. skleniček 6. kalorií 7. těstovin 8. luštěnin 9. fazolí 10. výrobků
101/13 1. tučné sýry 2. celozrnné výrobky 3. mléčné výrobky 4. ryby a mořské plody 5. alkoholické nápoje 6. sladké limonády 7. čokoládové bonbony 8. smažená jídla 9. luštěniny 10. uzeniny 11. těstoviny 12. ovoce a zelenina
102/14 1. VODA 2. OLEJ 3. OCET 4. HOUBY 5. SŮL 6. KMÍN 7. SMETANA 8. VAJÍČKA 9. BRAMBORY 10. MOUKA 11. KOPR
102/15 6, 3, 7, 1, 5, 4, 2
102/17 1. plechovka 2. hrnek 3. sklenice 4. kelímek 5. lžička 6. lžíce 7. láhev 8. sáček 9. krabička
103/18 *Špatně je:* 1. kelímek masa 2. sáček vody 3. láhev dortu 4. plechovka jogurtu 5. lžička pomeranče
103/19 1. metr 2. litr, 3. decilitr (deci) 4. kilogram (kilo) 5. dekagram (deko)
103/21 1. brambor 2. bonbonů 3. jahod 4. jablek 5. melounů 6. jogurtů 7. konzerv 8. sýrů 9. plechovek 10. housek 11. rohlíků 12. citronů
103/22 1. Kup prosím tě ještě pár rohlíků nebo housek. Chci dělat knedlíky a zapomněla jsem na to. 2. Jdeš ještě na nákup? Jestli jo, vezmi třicet deka šunkového salámu a asi tak šest velkých jablek, jo? Díky! 3. Až půjdeš kolem pekárny, kup nám tam pět makových a pět tvarohových koláčků. Máme všichni strašnou chuť na něco sladkého. 4. Vezmi taky ještě pár plechovek piva a nějaký oříšky, abysme měli něco k televizi.
104/23 1. špaget 2. vajíček 3. šunky 4. koblih 5. housek 6. marmelády 7. džusu 8. minerálek 9. vod 10. pomerančů 11. mandarinek 12. banánů 13. cibulí 14. paprik 15. okurek 16. fazolek 17. luštěnin
104/24 1. Ano, jsou to babička a vnučka. 2. Těstoviny. 3. Protože má vysoký cholesterol. 4. Protože má cukrovku. 5. Je v nich moc cukru. 6. Pár. 7. Protože mají slevy. 8. Šest. 9. Čtvrt kila. 10. Luštěnin.
104/25 1. 5 velkých sáčků chipsů 2. 7 malých sáčků oříšků 3. 13 malých plechovek piva 4. 8 obložených chlebíčků 5. 5 litrových láhví vína
105/27 1B, 2H, 3G, 4C, 5D, 6E, 7I, 8F, 9A
106/1 1. Jizerská padesátka 2. Zlatá tretra 3. Mezinárodní strojírenský veletrh 4. Pražské jaro 5. Filmový festival 6. Folklorní festival
106/2 1C, 2F, 3A, 4E, 5D, 6B
106/3 *Na mapě:* A. Jizerské hory B. Karlovy Vary C. Praha D. Ostrava E. Brno F. Strážnice
Ve cvičení: 1. filmový festival v Karlových varech 2. strojírenský veletrh v Brně 3. folklorní festival ve Strážnici 4. hudební festival Pražské jaro v Praze 5. závod Jizerská padesátka v Jizerských horách 6. závod Zlatá tretra v Ostravě
106/4 1. strážnický 2. brněnský 3. ostravský 4. pražský 5. jizerská 6. karlovarský
106/5 1. Od roku 1961. 2. Má vlast od Bedřicha Smetany. 3. 50 kilometrů. 4. V roce 1946. 5. Mezinárodní strojírenský veletrh. 6. Křišťálový glóbus.
106/6 1C, 2E, 3D, 4F, 5A, 6B
107/8 1. divadelní hra/představení 2. hudební soutěž 3. folklorní festival 4. strojírenský veletrh 5. lyžařský závod 6. rockový koncert/festival 7. atletický závod 8. fotbalový zápas/turnaj 9. filmový festival
108/11 1. je zařazen 2. je zahajován 3. je označován 4. se jezdí 5. se pořádá 6. uděluje se
108/12 1. byla zahajována 2. byly pořádány 3. byl zařazen 4. byl zahajován 5. byly pořádány 6. byly označovány 7. byla pořádána 8. byly označovány 9. byla označována 10. byl zahajován
108/13 1B, 2E, 3C, 4A, 5D
108/14 1. udělovat/udělit 2./ 3. pořádat/uspořádat zahajovat/zahájit 4. zařazovat/zařadit 5. označovat/označit
108/15 1. v centru, metrem, céčkem, na áčko, na Staroměstskou 2. na Mendlovo náměstí, tramvají, jedničkou 3. na Zlatou tretru, tramvají, z této zastávky, na jedenáctku
109/16 1C, 2F, 3G, 4I, 5J, 6E, 7L, 8B, 9D, 10H, 11A, 12K
109/17 1I, 2F, 3D, 4G, 5H, 6A, 7E, 8B, 9C
109/19 1. ve 13. století 2. od roku 1992 3. renesanční zámek 4. otáčivé divadelní hlediště. 5. Na začátku dvacátého století 6.výhled 7. Slavnosti pětilisté růže 8. Během 9. atmosféru 10. přes 400 let 11. vodníci 12. vodáci
110/21 a) 1. renesančního zámku 2. známého rakouského malíře 3. Vnitřního města 4. Českého Krumlova 5. pětilisté růže b) 6. roku 7. Zámecké zahrady 8. doby 9. řeky Vltavy
110/22 1D, 2I, 3E, 4H, 5K, 6C, 7B, 8F, 9J, 10A, 11G
110/23 1. který 2. kterému 3. kterého 4. kterém 5. kterým 6. kteří 7. kterým 8. které 9. kterých
10. kterými
111/24 *města:* Ostrava, Karlovy Vary, Olomouc, České Budějovice, Plzeň, Český Krumlov, Brno, Praha; *hory:* Krkonoše, Jizerské hory, Šumava, Beskydy; *řeky:* Labe, Vltava
111/25 1. Karlovy Vary 2. Plzeň 3. Praha 4. České Budějovice 5. Český Krumlov 6. Brno 7. Olomouc 8. Ostrava
111/26 1C, 2D, 3H, 4A, 5G, 6F, 7B, 8E
112/29 Část B je na konci Klíče.
Odpovědi na otázky A: 1. 5 dní. 2. 7490 Kč. 3. moravské lidové písničky 4. od 22. 8. do 26. 8. 5. na cestu lodí 6. Holašovice
Odpovědi na otázky B: 1. 5990 Kč. 2. 10. 8. – 17. 8. 3. Staroměstský orloj a Staronovou synagogu. 4. Muzeum motocyklů, hraček a pivovarnictví 5. tradiční rybí speciality a pravou jihočeskou kulajdu 6. 5 dní.
113/31 1B, 2C, 3A
113/32 1. potkal 2. sejdeme 3. se seznámila 4. Sejdeme se 5. potkala
113/33 1. kamarády 2. spolužačkami 3. sousedkami 4. studenty 5. učitelkami 6. spisovatelkami 7. bratry 8. maminkami 9. kolegyněmi 10. sportovci
113/34 1. kamarádem 2. přítelem 3. ředitelem 4. dědečkem 5. strýcem 6. kolegou 7. babičkou 8. tetou 9. přítelkyní 10. kolegyní
113/35 1. na, do 2. ve 3. na, v 4. Na, o 5. za 6. s, do, na 7. s, o 8.s, o 9. na, o 10. na, k 11. o 12. u 13. ke 14. na 15. na 16. U, v 17. na, v 18. na 19. o 20. na, do, na

89/25 Část B Příští týden chtějí Irena a její manžel David s dětmi navštívit zoo a safari Dvůr Králové. Dívají se na internetové stránky. Pomozte jim najít informace. Pracujte v páru. Ptejte se a reagujte. Davidovy otázky jsou zde, Ireniny otázky jsou v učebnici na straně 90. David chce vědět: 1. Odkdy dokdy je v zoo otevřeno v květnu? 2. Kolik zaplatí v zoo osmileté dítě? 3. Kdy se koná Světový den slonů? 4. Kde se nachází velké parkoviště? 5. Co je na každém pokoji v hotelu Safari?

Zoologická zahrada a safari Dvůr Králové

Otevírací doba
Hlavní sezóna (duben – říjen): ____________________
Mezisezóna: 9.00–17.00
Zimní sezóna: 9.00–16.00

Vstupné – hlavní sezóna
Plné vstupné (dospělí): 195 Kč
Snížené vstupné (děti 3–15 let, studenti do 26 let, důchodci, průkazy ZTP, školní zájezdy): ____________
Rodiny s dětmi, skupiny: sleva 10 %

Ubytování
Hotel Safari
2 a 3 lůžkové pokoje
______________________________ na každém pokoji
Zahrádka u každého pokoje
Restaurace v místě
Venkovní bazén, bowling
Wi-fi zdarma, služby recepce 24 hod. denně
Cena: 3 000 Kč/pokoj

Stravování
Restaurace Lemur: otevřeno celoročně, nabízíme také africké speciality
Restaurace Kibo: hotová jídla, na terase pizza/těstoviny, salátový bar
Burger gril Leopard: hamburgery, panini
Další stánky s občerstvením: stánky s občerstvením v bio kvalitě najdete v celém areálu zoo.
Chováme se ekologicky: používáme vratné kelímky a příbory, nepoužíváme palmový olej a třídíme odpad.

Pavilony a expozice
Pavilon šelem, Pavilon goril, Pavilon slonů, Pavilon surikat, Ptačí svět, Africká savana, Jihoafrická vesnička Gwanda, Vodní světy, expozice Jedovatá Afrika, Pěší safari

Pro děti
Lanový hrad u restaurace Kibo a u lvího safari
Dětské hřiště u restaurace Lemur
Dětské zoo u Jihoafrické vesničky
Lanové centrum Katika Miti

Akce v letošním roce
31. 1.–5. 2. Za pěkné vysvědčení do zoo za 10 Kč
7. 4. Safari běh
30.–31. 3. Velikonoční zoo
2. 6. Dětský den v zoo
21. 6. Světový den žiraf
21.–29. 7. Africký festival
______________________________ Světový den slonů
22. 9. Světový den nosorožců
20.–28. 10. Týden duchů
15. 12.–1. 1. 2019 Vánoční zoo

Kontakty
Adresa:
Štefánikova 1029, 544 01 Dvůr Králové nad Labem
Telefon, e-mail:
(+420) 499 329 515, info@zoodvurkralove.cz

Jak se k nám dostanete:
Autem:
GPS: 50°26′0,00″N 15°47′50,00″E. ____________________ ____________________ se nachází velké parkoviště, na němž je možné zdarma zaparkovat.
Vlakem:
Trať č. 030 Jaroměř–Liberec, stanice Dvůr Králové nad Labem. Z nádraží ČD pěšky (asi 3,5 km) nebo autobusem.
Autobusem:
Autobusové nádraží najdete ve východní části města. Pěšky je to do zoo asi 2 km, v období od1. května do 28. září můžete použít místní autobus.

112/29 Část B Přečtěte si nabídku cestovní kanceláře Turista. Pracujte v páru, ptejte se na informace a doplňte je. Část B je zde, část A najdete na straně 112. 1. Kolik stojí zájezd Moravské hrady a zámky? 2. Odkdy dokdy se koná zájezd na Šumavu? 3. Co uvidí turisti v Praze při procházce Starým Městem? 4. Jaké muzeum navštíví turisti v městečku Kašperské hory? 5. Co můžou turisti ochutnat v rybí restauraci? 6. Jak dlouho trvá zájezd do jižních Čech?

Cestovní kancelář TURISTA nabízí

poznávací zájezdy po ČR

Praha

Praha

• Délka: 5 dní • Termín: 20. 7. – 25. 7. • Cena: 6 990 Kč

Při návštěvě starobylé matky českých měst Prahy se seznámíte s nejvýznamnějšími památkami naší země: navštívíte Pražský hrad, katedrálu svatého Víta, Zlatou uličku a tajemný Vyšehrad nad řekou Vltavou. Při procházce Starým městem uvidíte legendární ______________________________ a Staronovou synagogu. V programu zájezdu nechybí ani prohlídka Národního divadla a Národního muzea a návštěva divadelního představení. Na závěr pobytu se můžete těšit cestu lodí po Vltavě, ke které vám bude hrát kapela staropražské písničky.

Lednice

Moravské hrady a zámky

• Délka: 5 dní • Termín: 22. 8. –26. 8. • Cena: ____________________

Vychutnejte si atmosféru moravských hradů a zámků! Čekají na vás největší perly Moravy, jako jsou zámky Lednice a Kroměříž, ale také tajemný hrad Bouzov, romantický Bítov a vznešený Vranov nad řekou Dyjí. Během zájezdu vás ve Znojmě čeká ochutnávka nejlepších moravských vín, při které uslyšíte tradiční ______________________________

Jindřichův Hradec

Památky jižních Čech

• Délka: ____________________ • Termín:17. 7. – 22. 7. • Cena: 6 890 Kč

Pohodový zájezd do kraje rybníků vás seznámí s krásami jižních Čech. Jeho hlavním cílem je klenot mezi našimi zámky, zámek Hluboká. Navštívíme také nádherná jihočeská města Český Krumlov, Jindřichův Hradec a Třeboň, ale i vesnici Holašovice s jejími roztomilými domy ve stylu lidového baroka. Zájezd ukončíme večerem v rybí restauraci, kde můžete ochutnat tradiční ______________________________ a pravou jihočeskou kulajdu.

Šumava

Krásy Šumavy

• Délka: 7 dní • Termín: ____________________ • Cena: 7 490 Kč

Malebná krása šumavských hor je nejlepším cílem pro lidi, kteří hledají fyzickou i psychickou relaxaci. Týden procházek v tichu a klidu hlubokých lesů a čistých horských jezer a potoků vás určitě osvěží. Příjemnou atrakcí se určitě stane návštěva hradu Kašperk a městečka Kašperské Hory, kde můžete vidět Muzeum ____________________, hraček a pivovarnictví.

Cena zahrnuje: dopravu klimatizovaným autobusem dle programu, ubytování se snídaní, průvodce. Cena nezahrnuje: vstupné do objektů, stravování.

Alphabetische Wortliste

A

aby	damit, um … zu, dass
Afrika	Afrika
aha	aha (Interjektion)
ach	ach (Interjektion)
akce	Aktion, Sonderangebot
aktivita	Aktivität
alergie	Allergie
alergik, alergička	Allergiker, Allergikerin
alkoholický	alkoholisch
Amerika	Amerika
analytik	Analytiker
ani	(noch) nicht einmal
aplikace	Applikation, App
areál	Areal, Gelände
Asie	Asien
asociace	Vereinigung, Verband
astrofyzik	Astrophysiker
atlet	Leichtathlet
atletický	athletisch, Leichtathletik- (+ Subst.)
atletika	Leichtathletik
atmosféra	Atmosphäre
atraktivní	attraktiv
aukce	Auktion, Versteigerung
aukční	Auktions- (+ Subst.)
aukční portál	Auktionsportal
až	wenn, bis

B

bakalář	Bachelor
bakalářský	Bachelor- (+ Subst.)
bakalářský program	Bachelor-Studium
balík	Paket
bankovní	Bank- (+Subst.)
barák *ugs.*, dům	Haus
barevný	bunt, farbig
barokní	Barock- (+ Subst.)
báseň	Gedicht
bavit + *N*, *A* (Baví mě…)	Spaß machen, (jmdn.) unterhalten
bavit se	sich unterhalten, Spaß haben
běh	Rennen, Lauf
běhání	Laufen, Joggen
běhat	laufen
během + *G*	während
benefit	Zusatzleistung, Vergünstigung, Benefit
beran	Widder
bez + *G*	ohne
bezpečný	sicher
bezstarostně	unbekümmert, unbesorgt
běžet	laufen
bio	Bio- (+ Subst.)
biologie	Biologie
bioprodukt	Bioprodukt
blog	Blog
bo *ugs. (nur im Ostrauer Dialekt)*, protože	weil
bobkový list	Lorbeerblatt
bohatý	reich
bohužel	leider
bonbón	Praline
brácha *ugs.*, bratr	Bruder
bramborový	Kartoffel- (+ Subst.)
bránit se + *D*	widerstehen, sich wehren
bránit se manipulaci	der Manipulation widerstehen
bratranec	Cousin
brněnský *Adj.*	Brünner (die Stadt Brünn betreffend)
brokolice	Brokkoli
brusinka	Preiselbeere
brýle *nur Pl.*	Brille
břeh	Ufer
buď – nebo	entweder – oder
být v důchodu	in Rente sein
být v pubertě	in der Pubertät sein
bytost	Wesen
byznys	Geschäft, Business

C

cena	Preis
certifikát	Zertifikat
cibule	Zwiebel
cibulka	Zwiebel
cítit	fühlen, riechen
cizinec	Ausländer
cizinecká policie	Ausländerpolizei
cože	was (Ausruf)
cukrárna	Konditorei

cvičení	Übung
cyklus, cyklu *G Sg.*	Zyklus

Č

čas od času	von Zeit zu Zeit
časopis	Zeitschrift
často	oft
častý	häufig
Čechy *nur Pl.*	Böhmen
čekat	warten
čerstvě	frisch (Adv.)
čerstvý	frisch
česká kuchyně	tschechische Küche
článek	Artikel
čtenář	Leser
čtení	Lesen, Lektüre
čtvrt	viertel, Viertel
čtvrť	Viertel, Stadtviertel

D

dál, dále	weiter
dámský	Damen- (+ Subst.)
dát (si) pozor na + *A*	Acht geben, aufpassen
dávat (si) pozor na + *A*	Acht geben, aufpassen
dědictví	Erbe
dějepis	Geschichte (Schulfach)
dělat + *A*	machen, tun
dělat kariéru	Karriere machen
dělník	Arbeiter
denně	täglich (Adv.)
denní	Tages- (+ Subst.)
dětské hřiště	Spielplatz
dětský	Kinder- (+ Subst.)
dětství	Kindheit
dieta	Diät
dietní	Diät- (+ Subst.)
diplomovaný specialista	diplomierter Spezialist
diskutovat o + *L*	diskutieren
diskuze	Diskussion
divadelní	Theater- (+ Subst.)
divák	Zuschauer
dívání se	Schauen, Anschauen
dívat se na + *A*	schauen, anschauen
divný	komisch, merkwürdig
divoký	wild
dlouho	lange (Adv.)
dlouhodobě	langfristig, über längere Zeit anhaltend (Adv.)
dlouhodobý	langfristig
dlouhodobý pobyt	langfristiger Aufenthalt
dlouholetý	langjährig
dlouhý	lang
dnešní	heutig
doba	Zeit, Zeitraum
docela	ziemlich, ganz
dodržet *pf.* + *A*	einhalten
dodržet termín	einen/den Termin einhalten
dodržovat + *A*	einhalten
dodržovat zásady	die Grundregeln einhalten
docházka	Anwesenheit, Teilnahme
dojíždět	eine längere Strecke zur Arbeit fahren, pendeln
dokdy	bis wann
dokončovat + *A*	fertig machen, beenden
dolní	der/die/das untere
dolů	nach unten
domácí	hausgemacht, Haus- (+ Subst.)
domácí mazlíček	Haustier
dominanta	herausragendes Bauwerk einer Stadt, das gut zu sehen ist
domluvit (si) *pf.* + *D, A*	verabreden, absprechen
domluvit si schůzku	ein Treffen / einen Termin verein-baren
doplnit *pf.* + *A*	ergänzen
doporučení	Empfehlung
doporučovat + *D, A*	empfehlen
dopsat*, dopíšu *pf.* + *A*	zu Ende schreiben
dospělý	Erwachsener, erwachsen
dospívající	Jugendlicher, Jugendliche
dostat*, dostanu *pf.* + *A*	bekommen, erhalten
dostat chuť na + *A*	Lust bekommen
dostat slevu	einen Rabatt bekommen
dostatek	genügend, genug
dostávat + *A*	bekommen, erhalten
dostudovat *pf.*	die Schule / das Studium been-den
doufat	hoffen
drahý	teuer
druhý stupeň (základní školy)	Sekundarstufe (Grundschule, Klasse 6-9)
držet dietu	eine Diät machen, Diät halten
držet se + *G*	sich halten (an)
držet se pravidla	sich an die Regel(n) halten
důchod	Rente, Pension

důchodce	Rentner
důchodkyně	Rentnerin
důležitost	Wichtigkeit
důležitý	wichtig
dusit + *A*	dünsten, schmoren
dušený	gedünstet

E

efektivně	effektiv (Adv.)
ekologický	ökologisch
elektrický	elektrisch
elektrikář	Elektriker
etapa	Etappe, Phase
euro	Euro
Evropa	Europa
evropský	europäisch
existovat	existieren
exotický	exotisch
extrémně	extrem (Adv.)

F

Fairtrade *(lies:* fértrejd*)*	Fairtrade, fairer Handel
fairtradový *(lies:* fértrejdový*)*	Fairtrade- (+ Subst.)
farma	Bauernhof
federace	Föderation
fér	fair
férový	fair
festival	Festival
filmový	Film- (+ Subst.)
finanční	finanziell, Finanz- (+ Subst.)
finanční úřad	Finanzamt
folklórní	Folklore- (+ Subst.)
formulář	Formular
Formule 1	Formel 1
francouzský	französisch
fungovat	funktionieren
fyzik	Physiker
fyzika	Physik

G

gepard	Gepard
globus, glóbu *G Sg.*	Globus
gotický	gotisch
GPS *(lies:* dží pí es*)*, džípíeska *ugs.*	GPS
gratulovat + *D*	gratulieren
gymnázium, gymnázia *G Sg., N Pl., A Pl.*, gympl *ugs.*	Gymnasium

H

hádat se s + *I*	sich streiten
handicapovaný, člověk/dítě s handicapem	behindert, Behinderter / behindertes Kind
hasič	Feuerwehrmann
hele *ugs.*	hey (Interjektion)
historický	historisch
hladká mouka	glattes Mehl
hladký	glatt
hlavně	hauptsächlich (Adv.), vor allem
hlavní	Haupt- (+ Subst.)
hlavní hrdina	Hauptfigur, Held
hlavní jídlo	Hauptgericht
hledání	Suchen, Suche
hlediště	Zuschauerraum
hlídání	Kinderbetreuung, Babysitter
hlučně	laut (Adv.)
hlučný	laut
hned	sofort
hobby	Hobby
hodit se + *N, D* (Hodí se vám termín…?)	passen (Passt Ihnen/euch der Termin …?)
hodnocení	Bewertung
hodnotit + *A*	bewerten
holka	Mädchen
horní	der/die/das obere
hororový	Horror- (+ Subst.)
hořký	bitter
hospoda	Kneipe
hotový	fertig
houba	Pilz, Schwamm
houska	Brötchen, Semmel
houskový	Semmel- (+ Subst.)
housle *nur Pl.*	Geige
houslista	Violinist, Geiger
houslový	Geigen- (+ Subst.)
hra	Spiel
hráč	Spieler
hračka	Spielzeug
hraní	Spielen, Spiel
hranolky	Pommes frites
hravý	verspielt, spielerisch
hrdina	Held
hrnec	Topf
hrozně	schrecklich (Adv.)
hřiště	Sportplatz, Spielplatz
hudebně	musikalisch (Adv.)

hurá	hurra (Interjektion)

CH

chatovat *(lies:* četovat*)*	chatten
chemie	Chemie
chléb, chleba, chleba *G Sg.*	Brot
chlupatý	behaart
chod	Mahlzeit, Gang
chov	Haltung (von Tieren)
chovat + *A*	halten, haben (Tiere)
chroustat + *A*	knabbern
chudý	arm
chuť	Lust, Appetit, Geschmack
chutnat + *N, D*	schmecken
chvíle	Weile, Moment
chyba	Fehler
chybět + *N, D*	fehlen
chytrý	klug
chytrý telefon	Smartphone

I

ideální	ideal
ideální pár	ein ideales Paar
individuální vzdělávací plán	individueller Unterrichtsplan
informatika	Informatik
ingredience	Zutat
inspirace	Inspiration
instalatér	Installateur, Klempner
instituce	Institution
inteligentně	intelligent (Adv.)
inzerát	Anzeige, Kleinanzeige, Inserat
inzertní	Anzeigen- (+ Subst.)
inzertní portál	Anzeigenportal
inženýr	Ingenieur (Titel)

J

jahoda	Erdbeere
jahodový	Erdbeer- (+ Subst.)
jakmile	sobald
jasně	klar, sicher (Adv.)
jasný	klar
jazykový	Sprach- (+ Subst.)
jednak – jednak	einerseits – andererseits
jednoduchý	einfach, leicht
jednou	einmal
jednoznačně	eindeutig, zweifellos (Adv.)
jen	nur
jestli	ob, wenn
jezírko	kleiner See
jihočeský	südböhmisch
jinak	sonst, anders (Adv.)
jindy	ein andermal
jiný	anderer
jistý	sicher
jizerský *Adj.*	Iser- (+ Subst.), zum Fluss Iser gehörend
jižní	südlich, Süd- (+ Subst.)
jogging *(lies:* džogink*)*	Joggen
jogurt	Joghurt

K

kachna	Ente
kakao	Kakao
kakaový	Kakao- (+ Subst.)
kapr	Karpfen
karate	Karate
karetní	Karten- (+ Subst.)
kariéra	Karriere
kategorie	Kategorie
každoročně	jedes Jahr, jährlich
kdyby	wenn (+ Konjunktiv)
kelímek	Becher (z.B. mit Sahne oder Joghurt)
kilogram, kilo	Kilogramm
kilometr	Kilometer
klavír	Klavier
klenot	Kleinod, Juwel, Schmuckstück
klíč	Schlüssel
klient	Kunde, Klient
klientka	Kundin, Klientin
klobása	Wurst (Bratwurst, Kochwurst)
kluk	Junge
kmín	Kümmel
kněz	Priester, Geistlicher
kobliha	Krapfen, Berliner, Pfannkuchen
koláč	Kuchen (runde einzelne Teilchen)
kolikrát	wie oft
kolo	Fahrrad, Rad
komentář	Kommentar
komplikace	Komplikation
konat se	stattfinden
končit	enden
konec	Ende

konečně	endlich
koníček	Hobby
konkrétní	konkret, bestimmt
kontrolovat + *A*	kontrollieren, prüfen, checken
konverzovat	sich unterhalten
konzumovat + *A*	konsumieren, essen
kopec	Hügel
kopie	Kopie
kopr	Dill
kostel	Kirche
košík	Einkaufskorb, Korb
koupání	Baden
koupený	gekauft
koupit *pf.* + *D, A*	kaufen
kousek	Stück
kouzelný	zauberhaft
kouzlo	Zauber
koza	Ziege
krájet + *A*	schneiden, zerschneiden
králík	Kaninchen
krátký	kurz
kráva	Kuh
krev	Blut
krocan	Truthahn
kroj	Tracht
kroužek	AG (an der Schule)
krumlovský *Adj.*	Krumauer (die Stadt Krumau betreffend)
křeček	Hamster
křišťálový	Kristall- (+ Subst.)
kulajda	Kulajda (Suppe)
kulturní	kulturell, Kultur- (+ Subst.)
kulturní akce	eine kulturelle Veranstaltung
kůň, koně *G Sg., N Pl., A Pl.*	Pferd
kupodivu	erstaunlicherweise
kurz	Kurs
kuře, kuřata *N Pl., A Pl.*	Hühnchen, Hähnchen
kvalita	Qualität
kvůli + *D*	wegen
kytara	Gitarre

L

labyrint	Labyrinth
láhev	Flasche
lavice	Bank (zum Sitzen)
lázně *nur Pl.*	Kurbad, Kurort
lednička	Kühlschrank
legenda	Legende
lehký	leicht
lékař, lékařka	Arzt, Ärztin
leták	Flyer, Werbeprospekt
letní	sommerlich, Sommer- (+ Subst.)
letos	dieses Jahr, heuer
lev	Löwe
levně	billig, günstig (Adv.)
levný	billig, günstig
ležet	liegen
lidová hudba	Volksmusik
lidový	Volks- (+ Subst.)
lidský	menschlich
limonáda	Limonade
lít*, liju + *A*	gießen
litr	Liter
loď	Boot, Schiff
louka	Wiese
lyžařský	Ski- (+ Subst.)
lyže	Ski
lžíce	Löffel (Esslöffel)

M

magazín	Magazin, Zeitschrift
magický	magisch
magie	Magie
magisterský	Master- (+ Subst.)
magisterský program	Master-Studium
magistr	Master, Magister (Titel)
magistrát	Stadtverwaltung, Magistrat
majitelka	Besitzerin, Eigentümerin
makový	Mohn- (+ Subst.)
malíř	Maler
málo	wenig
málokdy	selten
malovat + *A*	malen, streichen
malý	klein
manipulace	Manipulation
maraton	Marathon
mariánský	Marien- (+ Subst)
máslo	Butter
matematik	Mathematiker
mateřská škola, školka *ugs.*	Kindergarten
maturita, matura *ugs.*	Abitur
maturovat	Abitur machen
mazlíček *Dimin.*	Haustier
medaile	Medaille

medicína	Medizin
medvěd	Bär
měkký	weich
méně, míň	weniger
městský úřad	Stadtamt, Ortsamt
mezinárodní	international
Mezinárodní asociace atletických federací	Weltleichtathletikverband
míchat + *A*	rühren, mischen
miláček *Dimin.*	Liebling, Schatz
mimopracovní	außerhalb der Arbeit (Adj.)
mimopracovní konverzace	Kommunikation außerhalb der Arbeit
mínění	Meinung
ministerstvo	Ministerium
Ministerstvo vnitra	Innenministerium
minulost	Vergangenheit
minulý	der letzte/vorige
místo	Ort, Stelle, Platz
místo + *G*	anstatt
mistrovství	Meisterschaft
mít hlídání	Kinderbetreuung / einen Babysitter haben
mít maturitu	Abitur haben
mít platnost	gültig sein
mít pořádek	Ordnung halten/haben
mít svatbu	heiraten
mít zodpovědnost za + *A*	Verantwortung haben/tragen
mítink	Treffen
mléčný	Milch- (+ Subst.)
mlsný	naschhaft
mlýn	Mühle
mlýnské kolo	Mühlrad
mlýnský	Mühl-, Mühlen- (+ Subst.)
mňam	hmm, lecker (Interjetion)
mnohem víc	viel mehr
mnoho	viel, viele
mnohý	viele
moct*, můžu	können (Möglichkeit)
Morava	Mähren
morče, morčata *N Pl., A Pl.*	Meerschweinchen
motiv	Motiv
motivovat + *A*	motivieren
motorka	Motorrad
moučník	Dessert, Mehlspeise
moudrý	klug, weise
mouka	Mehl
možná	vielleicht
mravenec	Ameise
mrkvový	Karotten-/Möhren- (+ Subst.)
myslet	denken
mýt nádobí	Geschirr spülen

N

na svůj věk	für sein/ihr Alter
nabízet + *D, A*	anbieten, bieten
nábytek	Möbel
nadace	Stiftung
nadaný	begabt
nádobí	Geschirr
najíst se, najím se *pf.*	essen
najít *pf.* + *A*	finden
nakonec	zum Schluss
nakrájený	geschnitten
nakrájet *pf.* + *A*	(klein) schneiden
nákup	Einkauf
nákupní	Einkaufs- (+ Subst.)
nakupování	Einkaufen
nakupovat + *D, A*	einkaufen, kaufen
nakupovat na inzerát	über eine Anzeige kaufen
nálada	Laune, Stimmung
naladit *pf.* + *A*	einstimmen, (gute) Laune machen
nalít*, naliju *pf.* + *A*	gießen
naopak	umgekehrt, im Gegenteil
naparovat se	sich aufplustern, sich aufspielen
naplánovat (si) *pf.* + *D, A*	planen
nápoj	Getränk
naproti + *D*	gegenüber
napsat*, napíšu *pf.* + *D, A*	schreiben
náročný	anspruchsvoll, anstrengend
narodit se *pf.*	geboren werden
narozeniny *nur Pl.*	Geburtstag
nastoupit *pf.*	einsteigen, antreten (eine neue Arbeitsstelle)
nastupovat	einsteigen, antreten (eine neue Arbeitsstelle)
naučit se *pf.* + *A*	lernen
navíc	zusätzlich, außerdem
navigace	Navigation
navrhovat + *D, A*	entwerfen, vorschlagen
návštěva	Besuch
návštěvník	Besucher
navštívit *pf.* + *A*	besuchen, besichtigen

návyk	Gewohnheit
názor	Meinung, Ansicht
nebezpečně	gefährlich (Adv.)
nebezpečný	gefährlich
nedávno	vor Kurzem
nechat si + *A*	behalten
nějak	irgendwie
nějaký	irgendein (in Fragen oft nicht übersetzt)
nejdřív	zuerst
nejen – ale (i)	nicht nur – sondern auch
několik	mehrere
některý	einer, mancher
neobvyklý	ungewöhnlich, unüblich
nepořádek	Unordnung, Durcheinander
nesnášet + *A*	nicht vertragen/ertragen können
neuvěřitelně	unglaublich (Adv.)
nevýhoda	Nachteil
než	als (nach einem Vergleich)
nízký	niedrig
notebook *(lies:* noutbuk*)*	Notebook, Laptop
nově	neu (Adv.)
novinář, novinářka	Journalist, Journalistin
noviny *nur Pl.*	Zeitung
nudit se	sich langweilen
nutný	notwendig

O

občanský	bürgerlich, Bürger- (+ Subst.)
občanský průkaz	Personalausweis
občas	manchmal
občerstvení	Imbiss
obdivovat + *A*	bewundern
obecní	Gemeinde- (+ Subst.)
obecní úřad	Gemeindeamt
oběd	Mittagessen
obchodní centrum	Einkaufszentrum
obchodník	Händler, Geschäftsmann
objednat (se) *pf.* + *A*	einen Termin vereinbaren
objevit *pf.* + *A*	entdecken
oblečení	Kleidung
oblíbený	beliebt, Lieblings- (+ Subst.)
obraz	Bild
obrázek	Bild
obrovský	riesig
obvykle	normalerweise
obvyklý	normal, üblich
obyčejný	gewöhnlich
obývák	Wohnzimmer
ocet	Essig
odborný	Fach- (+ Subst.)
oddělení	Abteilung
odejít*, odejdu *pf.*	weggehen, losgehen
odcházet	weggehen, losgehen
odkdy	von/seit/ab wann
odkládat + *A*	verschieben, aufschieben
odkud	woher, von wo
odměnit *pf.* + *A*	belohnen
odpočinkový	zum Ausruhen (Adj.), Rast- (+ Subst.)
odpovídat + *D* na + *A*	antworten
odsud, odtud	von hier
ochutnat *pf.* + *A*	probieren, kosten
ochutnávka	Kostprobe
okno	Fenster
oko	Auge
okolí	Umgebung
okurka	Gurke
olej	Öl
oloupaný	geschält
omáčka	Soße
omezit *pf.* + *A*	einschränken
on-line *(lies:* onlajn*)*	online
opice	Affe
opravdový	echt, wirklich
opravdu	wirklich (Adv.)
oprávnění	Berechtigung
orientovat se	sich orientieren
ořechový	Nuss- (+ Subst.)
oslava	Feier
osmažený	geröstet, gebraten, paniert
osmažit, usmažit *pf.* + *A*	anbraten, braten, panieren
osmiletý	achtjährig
osoba	Person
ostatní	andere, die anderen
ošklivý	hässlich
otáčivý	drehbar
otevírací, otvírací	Öffnungs- (+ Subst.)
otevírací doba	Öffnungszeit(en)
otevírat + *A*	öffnen, aufmachen
otevřeno	geöffnet
otevřít*, otevřu *pf.* + *A*	öffnen, aufmachen
ovce	Schaf

ovlivnit *pf.* + *A*	beeinflussen
označovat + *A*	markieren

P

padesátka *ugs.* (padesát kilometrů)	Fünfziger (fünfzig Kilometer)
památka	Sehenswürdigkeit
pamatovat si + *A*	sich erinnern, sich (etwas) merken
panelák	Plattenbau
paní na úklid	Putzhilfe
pánský	Herren- (+ Subst.)
papoušek	Papagei
pár	Paar
pár	ein paar
parfém	Parfüm
parkoviště	Parkplatz
partnerka	Partnerin
patřit mezi + *A*	gehören (zu)
péct*, peču + *A*	backen, braten
pečený	gebacken, gebraten
penze	Rente, Pension
penzion	Pension, kleines Hotel
perfektně	perfekt (Adv.)
perfektní	perfekt
personální	Personal- (+ Subst.)
personální oddělení	Personalabteilung
pěstitel	Bauer, Erzeuger von landwirtschaftlichen pflanzlichen Produkten
pěstovat + *A*	anbauen
pětilistý	fünfblättrig
pevné místo	ein fester Ort
pevný	fest
pilný	fleißig
pískoviště	Sandkasten
placený	bezahlt
plán	Plan
plantáž	Plantage
plat	Gehalt, Lohn
platnost	Gültigkeit
plně	voll (Adv.)
plný	voll
plný úvazek	Vollzeit
pneumatika	Reifen
pobyt	Aufenthalt, Wohnsitz
pocit	Gefühl
počasí	Wetter
počítačový	Computer- (+ Subst.)
podepsat*, podepíšu *pf.* + *A*	unterschreiben
podívat se *pf.* na + *A*	schauen, gucken
podle + *G*	gemäß, nach, … Meinung nach
podmínka	Bedingung
podnikat	selbstständig/freiberuflich arbeiten, eine Firma haben
podnikatelský	Firmen- (+ Subst.)
podnikatelský účet	Firmenkonto
podobně	ähnlich (Adv.)
podobný	ähnlich
podusit *pf.* + *A*	dünsten, schmoren
pohádat se *pf.* s + *I*	sich streiten
pohádková postava	Märchenfigur
pohádkový	märchenhaft, Märchen- (+ Subst.)
pohanka	Buchweizen
pohled	Ansicht, Blick
pohodlný	bequem, gemütlich
pohyb	Bewegung
pohybovat se	sich bewegen
pojištění	Versicherung
pojišťovna	Versicherung (Institution)
poker	Poker
pokladna	Kasse
pokoj	Zimmer
pokud	falls, wenn
pole	Feld
politický	politisch
pomáhat + *D*	helfen
pomalu	langsam (Adv.)
pomalý	langsam
pomoct*, pomůžu *pf.* + *D*	helfen
popovídat si *pf.* s + *I*	sich unterhalten
poprvé	zum ersten Mal
poradce	Berater
poradkyně	Beraterin
porce	Portion
porcelán	Porzellan
porota	Jury
porovnat *pf.* + *A*	vergleichen
porovnávat + *A*	vergleichen
portál	Portal
pořad	Sendung (im Fernsehen/Radio)
pořádat + *A*	veranstalten
pořádek	Ordnung
pořídit (si) *pf.* + *D, A*	(sich etwas) anschaffen

poslanec	Abgeordneter
poslat*, pošlu *pf.* + *D, A*	schicken
poslední	der/die/das letzte
poslechnout*, poslechnu *pf.* + *A*	gehorchen, hören
postarat se *pf.* o + *A*	sich kümmern
postava	Figur, Gestalt
postavit *pf.* + *A*	bauen
postup	Zubereitung, Verfahren
poštovné	Porto
potkat *pf.* + *A*	treffen
potkat se *pf.* s + *I*	sich treffen
potravina	Lebensmittel
potřebný	notwendig
potřebovat + *A*	brauchen
potvrzení	Bestätigung
používat + *A*	benutzen, verwenden
považovat za + *A*	halten (für)
povídání	Unterhalten, Unterhaltung (Gespräch)
povídat si	sich unterhalten
povídka	Erzählung
povinná školní docházka	Schulpflicht
povinný	verpflichtend, Pflicht- (+ Subst.)
povolání	Beruf
povolení	Erlaubnis
pozitivně	positiv (Adv.)
poznávat + *A*	kennenlernen, erkennen
pracoviště	Arbeitsplatz
pracovitý	fleißig
pracovní doba	Arbeitszeit
pracovní stůl	Schreibtisch
praktický	praktisch
prase, prasata *N Pl., A Pl.*	Schwein
právě	gerade, eben (Adv.)
pravidelně	regelmäßig (Adv.)
pravidlo	Regel
pražský *Adj.*	Prager (die Stadt Prag betreffend)
preferovat + *A*	bevorzugen
prestiž	Prestige
prestižní	etwas, was Prestige hat (Adj.)
prezentace	Präsentation
pro a proti	Pro und Kontra
prodloužit (si) *pf.* + *D, A*	verlängern
producent	Produzent, Hersteller
produkt	Produkt
profese	Beruf

profesionální	professionell
programátor	Programmierer
programovat	programmieren
projíždět	durchfahren, vorbeifahren
promluvit *pf.*	sprechen
promovat	einen akademischen Titel bekommen
pronajmout* si, pronajmu si *pf.* + *A*	mieten
propustit *pf.* + *A*	entlassen
proslulý	berühmt
proti + *D*	gegen, gegenüber
prozvonit *pf.* + *A*	durchklingeln
průkaz	Ausweis
průměrný	durchschnittlich
průmyslový	industriell, Industrie- (+ Subst.)
průzkum	Untersuchung, Studie
první stupeň (základní školy)	Primarstufe (Grundschule, Klasse 1-5)
první třída	die erste Klasse
přece	doch, dennoch
předem	im Voraus
především	vor allem
předkrm	Vorspeise
přednáška	Vorlesung, Vortrag
představit si, a *pf.* + *A*	sich (etwas) vorstellen
předtím	vorher
překládat + *A*	übersetzen
překladatelka	Übersetzerin
překvapit *pf.* + *N, A*	überraschen
přemýšlet o + *L*	nachdenken
přes + *A*	über, per, durch
přesně	genau (Adv.)
přesvědčit *pf.* + *A*	überzeugen
při + *L*	bei, während
příběh	Geschichte (Erzählung)
přidat *pf.* + *A*	dazugeben, hinzufügen
přidávat + *A*	dazugeben, hinzufügen
příjemně	angenehm (Adv.)
přijímací zkouška, přijímačky *ugs., nur Pl.*	Aufnahmeprüfung
přijít*, přijdu *pf.*	kommen (zu Fuß)
příklad	Vorbild, Beispiel
příkop	Graben
příliš	zu (+ Adj.), zu viel, zu sehr
přilít*, přiliju *pf.* + *A*	dazugießen
připravit *pf.* + *D, A*	machen, zubereiten, vorbereiten

příroda	Natur
přísný	streng
přitom	dabei, zugleich
přítulný	anschmiegsam, zutraulich
ptát se + *G* na + *A*	fragen
puberta	Pubertät
publikovat + *A*	veröffentlichen
půjčovat si + *A*	leihen
půl	halb

R

rádio	Radio
radit + *D, A*	raten, beraten
rak	Krebs
Rakousko	Österreich
rakouský	österreichisch
razítko	Stempel
recept	Rezept
redaktorka	Redakteurin
registr	Register
reklamní	Reklame-, Werbe- (+Subst.)
relativní	relativ
renesance	Renaissance
renesanční	Renaissance- (+ Subst.)
respekt	Respekt
respektovat + *A*	respektieren
rockový	Rock- (+ Subst.)
ročně	jährlich (Adv.)
rodič	Elternteil
rodičovská dovolená	Elternzeit
rohlík	Hörnchen
román	Roman
romantický	romantisch
rovnou	direkt (Adv.)
rozdělit (si) *pf.* + *D, A*	einteilen, ordnen
rozdíl	Unterschied
rozhodně	bestimmt (Adv.)
rozhodnout* (se), rozhodnu (se) *pf.*	(sich) entscheiden, beschließen
rozinka	Rosine
rozmíchat *pf.* + *A*	verrühren
roztomile	niedlich, süß (Adv.)
roztomilý	niedlich, süß
rozvrh	Stundenplan
různě	unterschiedlich (Adv.)
různý	verschieden, unterschiedlich
růže	Rose
ryba	Fisch
rychle	schnell (Adv.)
rychlý	schnell
rýže	Reis

Ř

ředitel	Direktor
řeka	Fluss
říct*, řeknu *pf.* + *D, A*	sagen
řidičský průkaz, řidičák *ugs.*	Führerschein
řídit + *A*	fahren (ein Fahrzeug führen)
říkat + *D, A*	sagen
řízek	Schnitzel

S

sáček	Tüte, Packung
salát	Salat
sám	allein, selbst
samozřejmě	selbstverständlich (Adv.)
scénář	Drehbuch
sedací souprava, sedačka *ugs.*	Sofagarnitur
sedět	sitzen
sedmdesátiletý	siebzigjährig
sehnat*, seženu *pf.* + *D, A*	beschaffen, auftreiben
sejít* se, sejdu se *pf.* s + *I*	sich treffen
sekretářka	Sekretärin
senior	Senior
seniorský	Senioren- (+ Subst.)
seriál	Serie
sestřenice	Cousine
seznam	Liste
seznámit se *pf.* s + *I*	kennenlernen
seznamovat se s + *I*	kennenlernen
sezónní	Saison- (+ Subst.)
shánět + *D, A (lies:* schánět, zhánět*)*	beschaffen, auftreiben
scházet se	sich treffen
schůzka	Treffen, Termin
silný	stark
síť	Netz, Netzwerk
skončit *pf.*	enden, beenden
skoro	fast
skupina	Gruppe, Musikgruppe, Band
skvělý	wundervoll, herrlich
skypovat *(lies:* skajpovat*)*	skypen
sladký	süß

slaný	salzig
slavnost	Feier
slavný	berühmt
slepice	Huhn, Henne
sleva	Rabatt, Sonderangebot
Slezsko	Schlesien
slizký	schleimig
slogan	Slogan
slon	Elefant
Slovensko	Slowakei
slovník	Wörterbuch, Wortliste
slovo	Wort
služební	Dienst- (+ Subst.)
služební auto	Dienstwagen, Firmenwagen
smažený	gebraten, paniert
smažit + *A*	braten, panieren
směr	Richtung
smět	dürfen
smetana	Sahne
smlouva	Vertrag
snad	hoffentlich, vielleicht
snídaně	Frühstück
sníh, sněhu *G Sg.*	Schnee
sníst, sním *pf.* + *A*	essen
sociální síť	Soziales Netzwerk
sociologický	soziologisch
sortiment	Sortiment
současnost	Gegenwart
součást	Teil
souhlasit s + *I*	zustimmen, übereinstimmen, einverstanden sein
soukromý	privat
soukromý zemědělec	privater Landwirt
sourozenec	Geschwisterteil
soused, sousedka	Nachbar, Nachbarin
soustředit se *pf.* na + *A*	sich konzentrieren
soutěž	Wettbewerb
sova	Eule
spánek	Schlaf
spisovatel	Schriftsteller
spisovatelka	Schriftstellerin
spíš, spíše	eher, vielmehr
spíž, špajz *ugs.*	Speisekammer
spokojený	zufrieden
společnost	Gesellschaft
spolu	zusammen
spolužák, spolužačka	Klassenkamerad, Klassenkameradin
sportovní	sportlich, Sport- (+ Subst.)
spravedlivý	gerecht
správně	richtig, korrekt (Adv.)
stačit + *N, D*	ausreichen, genügen
stále	immer noch
standard	Standard
stánek	Stand (z.B. auf dem Markt)
starat se o + *A*	sich kümmern
starobylý	alt, altertümlich
starodávný	uralt, althergebracht
stáří	Alter (letzter Lebensabschnitt)
stát	Staat
stát* se, stanu se *pf.* + *I*	werden, passieren
státní	staatlich, Staats- (+ Subst.)
státní zkouška, státnice *ugs.*	Staatsprüfung, Examen
stavba	Gebäude, Bauwerk
stavit se	anhalten, vorbeikommen
stěhovat se	umziehen
stejně	gleich (Adv.), ebenso, sowieso
stejný	gleich
stěžovat si na + *A*	sich beschweren
stíhat + *A*	schaffen, erreichen
stihnout*, stihnu *pf.* + *A*	schaffen, erreichen
století	Jahrhundert
stránka	Seite
strašně	schrecklich (Adv.)
strašný	schrecklich
strava	Ernährung, Verpflegung
strávit *pf.* + *A*	verbringen
stravovací	Ernährungs-/Ess- (+ Subst.)
stravovací návyk	Essgewohnheit
stravování	Ernährung, Essen, Verpflegung
stravovat se	sich ernähren, essen
strejda *ugs.*, strýc	Onkel
strojírenský	Maschinenbau- (+ Subst.)
strouhaný	gerieben
střední	Mittel- (+ Subst.)
střední Evropa	Mitteleuropa
střední odborná škola	Fachmittelschule (Klasse 10-13, Abschluss Fachabitur)
střední odborné učiliště, učňák *ugs.*	Berufsschule (Klasse 10-12, Berufsschulabschluss)
střední škola	Mittelschule (Klasse 10-13, führt zum Abitur)
středověk	Mittelalter

středověký	mittelalterlich
studium	Studium
stupeň	Stufe
styl	Stil
sůl, soli *G Sg.*	Salz
surfování *(lies:* serfování*)*	Surfen
surfovat *(lies:* serfovat*)*	surfen
sušenka	Keks
sušený	getrocknet, Trocken- (+ Subst.)
svačina	Zwischenmahlzeit, Snack, Jause
svatba	Hochzeit
svatý	heilig
svět	Welt
světlo	Licht
světový	Welt- (+ Subst.)
svíčková	Rinderlende, Lendenbraten mit Gemüse-Sahne-Soße
symfonická báseň	symphonische Dichtung
symfonický	symphonisch, Symphonie- (+ Subst.)
systém	System

Š

šachy *nur Pl.*	Schach
šalina *ugs. (nur im Brünner Dialekt)*, tramvaj	Straßenbahn, Tram
šampionka	Meisterin
šaty *nur Pl.*	Kleider, Damenkleider
šéfka	Chefin
šetřit + *A*	sparen
školka *ugs.*	Kindergarten
školní	Schul- (+ Subst.)
školní docházka	Schulbesuch
školství	Schulwesen
šnek	Schnecke (mit Schneckenhaus)
špagety	Spaghetti
Španělsko	Spanien
šťáva	Saft, Sirup
štěkat	bellen
šunka	Schinken

T

tablet	Tablet
takže	sodass
támlecten/támdlencten *ugs.*, tamhleten	der/den dahinten
tamhle	da, dort
tanec	Tanz
tedy, teda *ugs.*	dennoch, daher, also
technika	Technik
televizní	Fernseh- (+ Subst.)
tenhle	dieser, diesen
teniska	Turnschuh, Sneaker
teprve	erst
termín	Termin
těstoviny *nur Pl.*	Nudeln
těšit se na + *A*	sich freuen (auf)
teta	Tante
těžký	schwer, schwierig
ticho	Stille, Ruhe, still (Adv.)
tichý	ruhig, still
tisknout*, tisknu + *A*	drucken, ausdrucken
tiše	ruhig, still (Adv.)
titul	(akademischer) Titel
tolik	so viel, so viele
tradice	Tradition
tradičně	traditionell (Adv.)
trafika	Zeitungskiosk
tramvajka *ugs. (nur im Ostrauer Dialekt)*, tramvaj	Straßenbahn, Tram
trávit + *A*	verbringen
trénovat	trainieren
tretra	Sportschuh zum Laufen
trh	Markt
trik	Trick
trochu	ein bisschen
trvalý pobyt	Daueraufenthalt
trvat	dauern
třeba	zum Beispiel
tři čtvrtě	drei viertel
třída	Klasse
tučný	fett
tudy	hier (entlang)
tuk	Fett
tvaroh	Quark, Topfen
tvarohový	Quark-/Topfen- (+ Subst.)
tvořit + *A*	schaffen, erschaffen, erstellen
tvrdohlavý	stur, dickköpfig
tyčinka	Riegel (Schokoriegel, Müsliriegel)
tygr	Tiger
typ	Art, Typ

U

ubytovaný	untergebracht, hier: Hotelgast
účastnit se + *G*	teilnehmen

účet	Konto
učiliště, učňák *ugs.*	Berufsschule
udělovat + *D, A*	erteilen, verleihen
uf	uff (Interjektion)
úklid	Aufräumen, Reinemachen
uklidnit *pf.* + *A*	beruhigen
uklízeč	Reinigungskraft, Putzhilfe
uklízečka	Reinigungskraft, Putzhilfe
úkol	Aufgabe
ulice	Straße
ulička	Gasse
úlovek	Fang, Beute
umřít*, umřu *pf.*	sterben
upéct*, upeču *pf.* + *A*	backen, braten
upír	Vampir
úplně	ganz, völlig
upravit *pf.* + *A*	bearbeiten
upravovat + *A*	bearbeiten
určitý	bestimmt
úřad	Amt
úřad práce, pracák *ugs.*	Arbeitsamt
úřední	Amts- (+ Subst.)
úřední hodiny	Sprechzeiten
úředník	Angestellter auf einem Amt, Büroangestellter
úspěch	Erfolg
ušetřit *pf.* + *A*	sparen
utíkat	(weg)rennen, laufen
utopenec	in Essig eingelegte Fleischwurst (wörtl. Ertrunkener)
utrácet + *A*	(Geld) ausgeben
utratit *pf.* + *A*	(Geld) ausgeben
uvařit *pf.* + *A*	kochen
uzenina	Wurst, Wurstwaren
úzký	eng
užít* si, užiju si *pf.* + *A*	genießen

V

v poslední době	in der letzten Zeit
vadit + *N, D*	stören, (etwas/nichts) ausmachen
vajíčko	Ei
vampyrolog, vampyroložka	Vampirologe, Vampirologin
vařený	gekocht
vařit + *A*	kochen
vážná hudba	klassische Musik
vážně	ernst (Adv.)
vážný	ernst
včas	rechtzeitig
včetně + *G*	einschließlich, inklusive
věc	Sache, Ding
večeře	Abendessen
vědec, vědkyně	Wissenschaftler, Wissenschaftlerin
vedle + *G*	neben
vegetariánský	vegetarisch
vejít* se, vejdu se do *pf.* do + *G*	in etwas hineinpassen
věk	Alter (Lebenszeit)
věková skupina	Altersgruppe
věkový	Alters- (+ Subst.)
veletrh	Messe
velmi	sehr
ven	raus, hinaus, heraus
venku	draußen
věnovat + *D, A*	widmen
vepřo knedlo zelo	Schweinefleisch mit Knödeln und Sauerkraut
veřejnost	Öffentlichkeit
veřejný	öffentlich
věta	Satz
veterinář	Tierarzt
většina	der/die/das meiste
většinou	meistens
více, víc	mehr
víckrát	mehrmals
víkendový	Wochenend- (+ Subst.)
virtuos	Virtuose
vlast	Heimat
vlastně	eigentlich (Adv.)
vlastní	eigen
vliv	Einfluss
vlk	Wolf
vloni, loni	letztes Jahr
vnitřní	der/die/das innere, Innen- (+ Subst.)
vnouče, vnoučata *N Pl., A Pl.*	Enkel
vocať *ugs.*, odsud, odtud	von hier
vodák	Kanufahrer, Paddler
vodka	Wodka
vodkaď *ugs.*, odkud	woher, von wo
vodník	Wassermann
volno	freie Zeit, frei (Adv.)
volný čas	Freizeit
vonět	duften, gut riechen

vozík	Einkaufswagen
vrátit se *pf.*	zurückkommen, zurückkehren
vstup	Eingang
však	aber, jedoch
všechno	alles
všimnout* si, všimnu si *pf.* + *G*	bemerken, merken
vtip	Witz
vtipně	witzig, lustig (Adv.)
vůbec	überhaupt
vůně	Duft
vybírat (si) + *D, A*	(sich) aussuchen, auswählen
výborně	ausgezeichnet (Adv.)
výborný	ausgezeichnet
vybrat* (si), vyberu (si) *pf.* + *D, A*	(sich) aussuchen, auswählen
vydělávat + *A*	(Geld) verdienen
výhled	Aussicht
vyhledávaný	begehrt, gesucht
výhoda	Vorteil
vyhodit *pf.* + *A*	wegwerfen, rauswerfen
výhodně	günstig (Adv.)
vyhrát*, vyhraju *pf.* + *A*	gewinnen
vyhrávat + *A*	gewinnen
vyhýbat se + *D*	vermeiden
východní	östlich, Ost- (+ Subst.)
vychovávat + *A*	erziehen
výjimečný	außergewöhnlich, besonders
vyjít*, vyjdu *pf.* (Vyjde to.)	hinkommen (Das klappt.)
výlet	Ausflug
vyměnit *pf.* + *A*	auswechseln, umtauschen
vymlouvat se	sich herausreden
vynechat *pf.* + *A*	weglassen, auslassen
vypadat	aussehen
vypínat (si) + *D, A*	ausschalten
vyplněný	ausgefüllt
vyplnit *pf.* + *A*	ausfüllen
vypnout*, vypnu (si) *pf.* + *D, A*	ausschalten
vyprávět, vypravovat + *D, A*	erzählen
výprodej	Ausverkauf
vypsat soutěž	einen Wettbewerb ausschreiben
vyrábět + *A*	herstellen, produzieren
výrobek	Produkt
vyřídit (si) *pf.* + *D, A*	erledigen, besorgen
vyřizování	Erledigen, Erledigung
vysoká škola, vysoká *ugs.*, vejška/výška *ugs.*	Hochschule, Universität
vysokoškolské vzdělání	Hochschulabschluss
vysokoškolský	Hochschul- (+Subst.)
vysoký	hoch
výstaviště	Messegelände
výše	Höhe
výška	Höhe, Körpergröße
vyšší odborná škola, voška *ugs.*	höhere Fachschule
vytisknout*, vytisknu *pf.* + *A*	drucken, ausdrucken
vytvářet + *A*	erschaffen, erstellen
vytvořit *pf.* + *A*	erschaffen, erstellen
výuční list	Berufsschulabschluss, Lehrbrief
využívat + *G, A*	Gebrauch machen von, nutzen
výzkum	Untersuchung, Forschung
významný	bedeutend
výživa	Ernährung
výživový	Ernährungs- (+ Subst.)
výživový poradce	Ernährungsberater
vzdělání	Bildung, Ausbildung
vzdělávací	Unterrichts-, Fortbildungs- (+ Subst.)
vzít* (si), vezmu (si) *pf.* + *D, A*	(sich) nehmen
vzpomínat na + *A*	(sich) erinnern
vztah	Beziehung, Verhältnis

W

WC (*lies:* vé cé)	WC
webová adresa	Webadresse, Internetadresse

Z

za + *A* (za měsíc)	in (in einem Monat)
zábava	Vergnügen, Spaß
zábavný	unterhaltsam, spaßig
začátek	Anfang, Beginn
začínat + *A*	anfangen
začít*, začnu *pf.*	anfangen
zahajovat + *A*	eröffnen
zahrádka	Garten
zajíc	Hase
zajímat + *N, A* (Zajímá mě…)	interessieren (Mich interessiert …)
zajímat se o + *A*	sich interessieren
zajímavost	etwas Interessantes, Sehenswürdigkeit
zajímavý	interessant
zajít*, zajdu *pf.*	gehen (zu)
zákazník	Kunde
základní	Grund- (+ Subst.)
základní škola, základka *ugs.*	Grundschule
založený	gegründet

založit (si) *pf.* + *D, A*	gründen, (ein Konto) eröffnen
zámecký	Schloss- (+ Subst.)
zámek	Schloss
zaměřený	ausgerichtet
zaměstnanec	Angestellter
zaměstnání	Anstellung, Berufstätigkeit
zaměstnavatel	Arbeitgeber
zamíchat *pf.* + *A*	umrühren, mischen
zapínat + *A*	einschalten
zapomenout*, zapomenu *pf.* (na) + *A*	vergessen
zapsat*, zapíšu *pf.* + *A*	einschreiben, registrieren
zařadit *pf.* + *A*	einordnen
zařídit (si) *pf.* + *D, A*	einrichten, erledigen
zásada	Grundregel, Grundsatz, Prinzip
zase	wieder, noch mal
zatímco	während
závod	Rennen, Wettkampf
zboží	Ware
zbýt*, zbudu, zbydu *pf.*	übrigbleiben
zdarma, zadarmo	kostenlos, umsonst
zdát se + *N, D*	scheinen, vorkommen (etw. kommt jemandem … vor)
zde	hier
zdravě	gesund (Adv.)
zdraví	Gesundheit
zdravotní	Gesundheits- (+ Subst.)
zdravotní bratr, zdravotní sestra	Krankenpfleger, Krankenschwester
zdravotní pojištění	Krankenversicherung
zdravotní pojišťovna	Krankenversicherung (Institution)
zdravý	gesund
zelí	Kraut, Kohl
zelná polévka, zelňačka *ugs.*	Krautsuppe, Kohlsuppe
zelný	Kraut-, Kohl- (+ Subst.)
země	Land
zemědělec	Landwirt, Bauer
zeptat se *pf.* + *G* na + *A*	fragen
zimní	Winter- (+ Subst.)
získat *pf.* + *A*	bekommen, erlangen
zjistit *pf.* + *A*	herausfinden, feststellen
zkama *ugs.* *(nur im Brünner Dialekt)*, odkud	woher, von wo
zkonzumovat *pf.* + *A*	konsumieren
zkouška (státní zkouška)	Prüfung (Staatsprüfung)
zkrácený úvazek	Teilzeit
zkusit *pf.* + *A*	versuchen, ausprobieren
zkušenost	Erfahrung
zlatý	golden, Gold- (+ Subst.)
zlepšit *pf.* + *A*	verbessern
zlobit se na + *A*	sich ärgern
změnit *pf.* + *A*	verändern, wechseln
známka	*hier:* Note (in der Schule)
známý	Bekannter, bekannt
znovu, znova	wieder, noch mal
zodpovědnost	Verantwortung
zoologická zahrada, zoo	zoologischer Garten, Zoo
zorganizovat *pf.* + *A*	organisieren
zpráva	Nachricht
zrušit *pf.* + *A*	abschaffen, absagen, stornieren
ztrácet + *A*	verlieren
ztratit se *pf.*	sich verfahren, sich verlaufen, verloren gehen
zúčastnit se *pf.* + *G*	teilnehmen
zůstat*, zůstanu *pf.*	bleiben
zvát*, zvu + *A*	einladen
zvědavý	neugierig
zvíře, zvířata *N Pl., A Pl.*	Tier
zvykat si na + *A*	sich gewöhnen
zvyklý	gewöhnt

Ž

žádat o + *A*	beantragen, fordern, bitten
žádný	kein, keiner
žebříček	Rangliste (wörtl. kleine Leiter)
žít*, žiju	leben
živnostenské oprávnění, živnosťák *ugs.*	Gewerbeschein
živnostenský úřad	Gewerbeamt
život	Leben
životní	Lebens- (+ Subst.)
životní styl	Lebensstil
živý	lebendig, lebend

Grammatikübersicht

Čísla Zahlen

0 nula	**10** deset	**20** dvacet	**100** sto	**1 000** tisíc	**1 000 000** milion	**1 000 000 000** miliarda
1 jedna[1]	**11** jedenáct	**30** třicet	**200** dvě stě	**2 000** dva tisíce	**2 000 000** dva miliony	**2 000 000 000** dvě miliardy
2 dvě[1]	**12** dvanáct	**40** čtyřicet	**300** tři sta	**3 000** tři tisíce	**3 000 000** tři miliony	**3 000 000 000** tři miliardy
3 tři	**13** třináct	**50** padesát	**400** čtyři sta	**4 000** čtyři tisíce	**4 000 000** čtyři miliony	**4 000 000 000** čtyři miliardy
4 čtyři	**14** čtrnáct	**60** šedesát	**500** pět set	**5 000** pět tisíc	**5 000 000** pět milionů	**5 000 000 000** pět miliard
5 pět	**15** patnáct	**70** sedmdesát	**600** šest set	**6 000** šest tisíc	**6 000 000** šest milionů	**6 000 000 000** šest miliard
6 šest	**16** šestnáct	**80** osmdesát	**700** sedm set	**7 000** sedm tisíc	**7 000 000** sedm milionů	**7 000 000 000** sedm miliard
7 sedm	**17** sedmnáct	**90** devadesát	**800** osm set	**8 000** osm tisíc	**8 000 000** osm milionů	**8 000 000 000** osm miliard
8 osm	**18** osmnáct		**900** devět set	**9 000** devět tisíc	**9 000 000** devět milionů	**9 000 000 000** devět miliard
9 devět	**19** devatenáct					

[1]*Die Zahlwörter jeden, jedna, jedno und dva, dvě, dvě haben männliche, weibliche und sächliche Formen.* | **Kolik to stojí?** – **20 Kč** (*lies:* korun). Wie viel kostet das? – 20 Kronen.

Telefonní číslo, e-mail, internetová adresa Telefonnummer, E-Mail, Internetadresse

Telefonní číslo	**227 385 163** *Lies:* dva dva sedm – tři osm pět – jedna šest tři *or* dvě stě dvacet sedm – tři sta osmdesát pět – sto šedesát tři
E-mailová adresa	**anna@seznam.cz** *Lies:* anna – zavináč – seznam – tečka – cézet
Internetová adresa	**www.rezervace.cz** *Lies:* vévévé – tečka – rezervace – tečka – cézet

Hodiny Uhrzeiten

Kdy? Wann? **V kolik hodin?** Um wie viel Uhr?	
V sedm (hodin). 7.00	**Ve čtvrt na osm.** 7.15
V půl osmé. 7.30	**Ve tři čtvrtě na osm.** 7.45

Části dne Tageszeiten

Kdy? Wann?	
ráno	am Morgen
dopoledne	am Vormittag
v poledne	am Mittag
odpoledne	am Nachmittag
večer	am Abend
v noci	in der Nacht
o půlnoci	um Mitternacht

Dny Wochentage

Kdy? Wann?	
v pondělí	am Montag
v úterý	am Dienstag
ve středu	am Mittwoch
ve čtvrtek	am Donnerstag
v pátek	am Freitag
v sobotu	am Samstag
v neděli	am Sonntag

Sie können auch die sog. „digitale" Zeitangabebenutzen, z.B.: v 7.15 = **v sedm patnáct** um sieben Uhr fünfzehn.

Datum Datum

Kolikátého je? Der wievielte ist heute?		
1. prvního	**13. třináctého**	**ledna**
2. druhého	**14. čtrnáctého**	**února**
3. třetího	**15. patnáctého**	**března**
4. čtvrtého	**16. šestnáctého**	**dubna**
5. pátého	**17. sedmnáctého**	**května**
6. šestého	**18. osmnáctého**	**června**
7. sedmého	**19. devatenáctého**	**července**
8. osmého	**20. dvacátého**	**srpna**
9. devátého	**30. třicátého**	**září**
10. desátého	**31. třicátého prvního**	**října**
11. jedenáctého		**listopadu**
12. dvanáctého		**prosince**

Měsíce Monate

Kdy? Wann?	
v lednu	im Januar
v únoru	im Februar
v březnu	im März
v dubnu	im April
v květnu	im Mai
v červnu	im Juni
v červenci	im Juli
v srpnu	im August
v září	im September
v říjnu	im Oktober
v listopadu	im November
v prosinci	im Dezember

Období, svátky Jahreszeiten, Feiertage

Kdy? Wann?	
na jaře	im Frühjahr
v létě	im Sommer
na podzim	im Herbst
v zimě	im Winter
o víkendu	am Wochenende
na dovolené	im Urlaub
na Velikonoce	zu/an Ostern
na Vánoce	zu/an Weihnachten

Časové výrazy (minulost, přítomnost, budoucnost) Zeitangaben (Vergangenheit, Gegenwart, Zukunft)

Kdy? Wann?					
včera	gestern	**dnes, dneska**	heute	**zítra**	morgen
předevčírem	vorgestern	—	—	**pozítří**	übermorgen
minulý týden	letzte Woche	**tenhle/tento týden**	diese Woche	**příští týden**	nächste Woche
minulý měsíc	letzten Monat	**tenhle/tento měsíc**	diesen Monat	**příští měsíc**	nächsten Monat
minulý rok	letztes Jahr	**tenhle/tento rok**	dieses Jahr	**příští rok**	nächstes Jahr
před rokem	vor einem Jahr	—	—	**za rok**	in einem Jahr
před dvěma, třemi, čtyřmi lety	vor 2, 3, 4… Jahren	—	—	**za dva, tři, čtyři roky**	in 2, 3, 4 Jahren
před pěti, šesti… lety	vor 5, 6, … Jahren	—	—	**za pět, šest… let**	in 5, 6, … Jahren

Sie können auch die Wörter mit gleicher Bedeutung benutzen: **minulý rok = loni, tenhle/tento rok = letos**.

Roky, století Jahres- und Jahrhundertangaben

Kdy? Wann?	
v roce 1999 *Lies:* v roce devatenáct set devadesát devět	(im Jahr) 1999
v roce 2010 *Lies:* v roce dva tisíce deset	(im Jahr) 2010
od roku 1999 *Lies:* od roku devatenáct set devadesát devět	seit/ab (dem Jahr) 1999
do roku 2010 *Lies:* do roku dva tisíce deset	bis (zum Jahr) 2010
v padesátých letech	in den Fünfzigerjahren
v patnáctém století	im fünfzehnten Jahrhundert

Často používaná slovesa Häufig gebrauchte Verben

Infinitiv		*Gegenwart (ich, du, er/sie/es, wir, ihr/Sie, sie)*	*Vergangenheit (ich)*	*Zukunft (ich)*	*Konjunktiv (ich)*	*Imperativ (du, ihr/Sie)*
být	sein	jsem, jsi/jseš[1], je, jsme, jste, jsou	byl jsem	budu	byl bych	buď! buďte!
mít	haben	mám, máš, má, máme, máte, mají	měl jsem	budu mít	měl bych	měj! mějte!
chtít	wollen	chci, chceš, chce, chceme, chcete, chtějí	chtěl jsem	budu chtít	chtěl bych	chtěj! chtějte!
jíst	essen	jím, jíš, jí, jíme, jíte, jí/jedí[2]	jedl jsem	budu jíst	jedl bych	jez! jezte!
pít	trinken	piju/piji[2], piješ, pije, pijeme, pijete, pijou/pijí[2]	pil jsem	budu pít	pil bych	pij! pijte!
moct	können	můžu/mohu[2], můžeš, může, můžeme, můžete, můžou/mohou[2]	mohl jsem	budu moct	mohl bych	—
jít	gehen	jdu, jdeš, jde, jdeme, jdete, jdou	šel jsem	půjdu	šel bych	jdi! jděte!
jet	fahren	jedu, jedeš, jede, jedeme, jedete, jedou	jel jsem	pojedu	jel bych	jeď! jeďte!
spát	schlafen	spím, spíš, spí, spíme, spíte, spí	spal jsem	budu spát	spal bych	spi! spěte!
vědět	wissen	vím, víš, ví, víme, víte, ví/vědí[2]	věděl jsem	budu vědět	věděl bych	—
znát	kennen	znám, znáš, zná, známe, znáte, znají	znal jsem	budu znát	znal bych	znej! znejte!

[1]Die Form jseš ist typisch für die Alltagssprache. | [2]Diese Formen werden in der geschriebenen und gesprochenen Schriftsprache benutzt.

Modely konjugace Konjugationstypen

	á-Verben, z.B. **dělat**	*í-Verben, z.B.* **rozumět**	*ovat/uj-Verben, z.B.* **pracovat**	*e-Verben[1], z.B.* **číst**
Infinitiv endet auf:	-at + mít	-et, -ět, -it + jíst, spát, stát, vědět	-ovat	-ít, -ýt, -ét, -íst, -ést, -ást, -úst + plavat
ich	**děl-ám**	**rozum-ím**	**prac-uju/prac-uji[2]**	**čt-u**
du	**děl-áš**	**rozum-íš**	**prac-uješ**	**čt-eš**
er, sie, es	**děl-á**	**rozum-í**	**prac-uje**	**čt-e**
wir	**děl-áme**	**rozum-íme**	**prac-ujeme**	**čt-eme**
ihr/Sie	**děl-áte**	**rozum-íte**	**prac-ujete**	**čt-ete**
sie	**děl-ají**	**rozum-í/rozum-ějí[2]**	**prac-ujou/prac-ují[2]**	**čt-ou**

[1] Bei e-Verben (und auch bei einigen anderen, z.B. **být, stát, vědět***) kommt es in der Konjugation Präsens zu einer Änderung im Wortstamm. Diese Verben sind in den Wortlisten mit einem Sternchen versehen, außerdem ist die 1. Pers. Sg. angegeben. | [2] Diese Formen werden in der geschriebenen und gesprochenen Schriftsprache benutzt. | Achtung: Einige tschechische Verben sind reflexiv, z.B.* **jmenovat se** *heißen. Das bedeutet, sie erscheinen mit dem Reflexivpronomen se oder si, das sich bei der Konjugation nicht ändert, z.B.* **jmenuju se** *ich heiße,* **jmenuješ se** *du heißt, jmenuje se er/sie/es heißt usw.*

Slovesné časy Zeitformen der Verben

	das Verb **být**	*imperfektive[1] Verben, z.B.* **dělat**	*Bewegungsverben, z.B.* **jít**	*perfektive[1] Verben, z.B..* **udělat**
Infinitiv	**být**	**dělat**	**jít**	**udělat**
Zukunft (ich)	**budu**	**budu dělat**	**půjdu**	**udělám**
Gegenwart (ich)	**jsem**	**dělám**	**jdu**	—
Vergangenheit (ich)	**byl jsem**	**dělal jsem**	**šel/šla jsem**	**udělal jsem**

[1] Der Unterschied zwischen imperfektiven (unvollendeten) und perfektiven (vollendeten) Verben wird unter der nächsten Tabelle erklärt.

Často používaná imperfektivní/perfektivní slovesa Häufig gebrauchte imperfektive/perfektive Verben

(na)kupovat/(na)koupit	(ein)kaufen	**odjíždět/odjet***	abfahren	**psát*/napsat***	schreiben/(auf)schreiben
číst*/přečíst*	lesen/(durch)lesen	**opravovat/opravit**	reparieren	**učit se/naučit se**	lernen/(er)lernen
dávat/dát	geben	**pít*/vypít***	trinken/(aus)trinken	**uklízet/uklidit**	aufräumen
dělat/udělat	machen, tun	**platit/zaplatit**	(be)zahlen	**vařit/uvařit**	kochen
dostávat/dostat*	bekommen, erhalten	**přicházet/přijít***	(an)kommen (zu Fuß)	**volat/zavolat**	(an)rufen
jíst/sníst	essen/(auf)essen	**přijíždět/přijet***	(an)kommen (mit einem Fahrzeug)	**ztrácet/ztratit**	verlieren
odcházet/odejít*	weggehenleave	**připravovat/připravit**	vorbereiten		

Zu den meisten tschechischen Verben gibt es zwei Aspekte: den imperfektiven (unvollendeten) und den perfektiven (vollendeten) Verbaspekt, z.B. **dělat/udělat***. Dabei handelt es sich um zwei verschiedene Verben, die in unterschiedlicher Bedeutung benutzt werden. Imperfektive Verben drücken den Verlauf einer Handlung oder eine sich wiederholende Handlung aus, während perfektive Verben das Ergebnis einer Handlung oder eine Handlung zu einem bestimmten Zeitpunkt beschreiben. Perfektive Verben haben keine Gegenwartsform. | *Die mit einem Sternchen versehenen Verben weisen in der Konjugation im Präsens eine Änderung im Wortstamm auf.*

Základní významy prefixů Grundbedeutungen der Vorsilben (Präfixe)

do- *Erreichung eines Zieles*	**na-** *auf, rauf*	**nad-** *über, darüber*	**ob-** *um, herum*	**od-** *weg, ab*	**pod-** *unter, runter*	**pro-** *durch*	**pře-** *über | wieder*	**před-** *vor*

při- *Bewegung hin zu | etw. hinzufügen*	**roz-** *Beginn einer Handlung | auseinander*	**s-** *runter | zueinander*	**v-** *in, rein*	**vy-** *hoch, rauf | aus, raus*	**za-** *in, rein | hinter*

Präfixe verändern die Bedeutung von Wörtern. Man kann sie mit Verben und Substantiven verbinden, z.B. **přijít** kommen, **odejít** weggehen, **výstup** Auftritt, Ausstieg, **nástup** Antritt, Einstieg *usw.*

Druhá pozice v české větě Die zweite Position im tschechischen Satz

Satzanfang …	*zweite Position*				*Satzende.*
	Hilfsverb für Vergangenheit oder Konjunktivv	*Reflexivpronomen se oder si*	*kurze Personalpronomen im Dativ*	*kurze Personalpronomen im Akkusativ + häufig to*	
Bál	**jsem**	**se**	**mu**	**to**	**dát.**

Die Wortfolge im Tschechischen ist flexibel. Einige kurze unbetonte Wörter stehen allerdings immer an der zweiten Position im Satz, d.h. nach dem ersten Satzglied. In der Tabelle sehen Sie die Reihenfolge dieser unbetonten Wörter, wenn mehrere genannt werden. Der Satz aus der Tabelle auf Deutsch: Ich hatte Angst, ihm das zu geben.

Orientace (základní pokyny) Orientierung (die wichtigsten Anweisungen)

Prosím vás, kde je…? Entschuldigen Sie, wo ist …?

Jděte… Gehen Sie …	**Jeďte…** Fahren Sie …	→ **rovně** geradeaus	↗ **doprava** nach rechts	↖ **doleva** nach links	↑ **nahoru** nach oben	↓ **dolů** nach unten	**zpátky** zurück	**na západ** nach Westen **na východ** nach Esten **na sever** nach Norden **na jih** nach Süden

Směr × Lokace Richtung × Ort

Směr Richtung		**Lokace** Ort
Odkud? Woher?	**Kam?** Wohin?	**Kde?** Wo?
jít gehen, **jet** fahren, **letět** fliegen, **být** sein, …	**jít** gehen, **jet** fahren, **letět** fliegen, …	**být** sein, **pracovat** arbeiten, **studovat** studieren, **bydlet** wohnen, **žít** leben, **čekat** warten, …
odtud von hier, **odtamtud** von dort, **shora** von oben, **zdola** von unten, **zprava** von rechts, **zleva** von links, **zprostředka** von der Mitte **zepředu** von vorn, **zezadu** von hinten, **odjinud** von woanders(her), **z domova** von zu Hause	**sem** hierher, **tam** dorthin, **nahoru** nach oben, **dolů** nach unten, **doprava/napravo** nach rechts, **doleva/nalevo** nach links, **doprostřed** in die Mitte, **dopředu** nach vorn, **dozadu** nach hinten, **jinam** woandershin, **domů** nach Hause	**tady** hier, **tam** dort, **nahoře** oben, **dole** unten, **vpravo/napravo** rechts, **vlevo/nalevo** links, **uprostřed** in der Mitte, **vpředu** vorn, **vzadu** hinten, **jinde** woanders, **doma** zu Hause
z/ze + *Genitiv* **ze školy** aus der Schule	**do** + *Genitiv* **do školy** in die Schule	**v/ve** + *Lokativ* **ve škole** in der Schule
z/ze + *Genitiv* **z koncertu** vom Konzert	**na** + *Akkusativ* **na koncert** zum/ins Konzert	**na** + *Lokativ* **na koncertě** beim/im Konzert
od + *Genitiv* **od školy**, **od doktora** von der Schule, vom Arzt	**k/ke** + *Dativ* **ke škole**, **k doktorovi** zur Schule, zum Arzt	**u** + *Genitiv* **u školy**, **u doktora** bei der Schule, beim Arzt
—	**nad, pod, před, za, mezi** + *Akkusativ*	**nad, pod, před, za, mezi** + *Instrumental*

Die Präpositionen **z – do – v** *werden bei geschlossenen oder begrenzten Räumen benutzt, z.B. bei Kontinenten, den meisten Ländern, Städten, Dörfern, Geschäften und Gebäuden. | Die Präpositionen* **z – na – na** *werden bei offenen oder unbegrenzten Räumen oder bei Oberflächen benutzt, aber auch bei Veranstaltungen und Aktivitäten, bei einigen öffentlichen Institutionen, Inseln und Halbinseln. | Die Präpositionen* **od** *und* **k** *werden für eine Bewegung von einem zu einem anderen Ort benutzt. Die Präposition* **u** *bezeichnet einen Ort in der Nähe eines Gebäudes, eines unbegrenzten Raumes oder eines Gegenstandes. Alle drei Präpositionen werden auch bei Personen benutzt. | Die Präpositionen* **nad, pod, před, za** *und* **mezi** *werden nach Verben, die eine Bewegung in eine Richtung ausdrücken, mit dem Akkusativ benutzt (z.B.:* **Dám lampu nad stůl**. Ich hänge die Lampe über den Tisch*) oder mit dem Instrumental nach Verben, die einen Ort ausdrücken (z.B.:* **Lampa je nad stolem**. Die Lampe hängt über dem Tisch.*).*

Deklinace osobních zájmen Deklination der Personalpronomen

Fälle	*ich*	*du*	*er, es*	*sie*	*wir*	*ihr/Sie*	*sie*
1. Nominativ	**já**	**ty**	**on, ono**	**ona**	**my**	**vy**	**oni**
2. Genitiv	**mě**	**tě/tebe**	**ho/něho, něj**	**jí/ní**	**nás**	**vás**	**jich/nich**
3. Dativ	**mi, mně**	**ti/tobě**	**mu/němu**	**jí/ní**	**nám**	**vám**	**jim/nim**
4. Akkusativ	**mě**	**tě/tebe**	**ho/něho, něj**	**ji/ni**	**nás**	**vás**	**je/ně**
5. Vokativ	—	—	—	—	—	—	—
6. Lokativ	**—/mně**	**—/tobě**	**—/něm**	**—/ní**	**—/nás**	**—/vás**	**—/nich**
7. Instrumental	**mnou**	**tebou**	**jím/ním**	**jí/ní**	**námi**	**vámi**	**jimi/nimi**

Einige Personalpronomen haben eine kurze Form und eine Form, die nach Präpositionen benutzt wird. In der Tabelle sind beide Formen in folgender Reihenfolge angegeben: kurze Form / Form nach Präposition. Wenn Sie z.B. sagen möchten Das ist für dich, *sagen Sie* **to je pro tebe**, *nicht* **to je pro tě**.

Pády a jejich užití + základní významy prepozic Fälle und ihr Gebrauch + Grundbedeutungen der Präpositionen

Fälle	*Gebrauch*	*Präpositionen, die mit diesem Fall stehen*
1. Nominativ	*Diese Form finden Sie im Wörterbuch. Das Subjekt des Satzes steht im Nominativ.* (**Káva je dobrá.** Der Kaffee ist gut.)	—
2. Genitiv	*Der Genitiv wird zur Bezeichnung des Eigentums* (**kniha studenta** das Buch des Studenten) *oder in der partitiven Bedeutung* (**kousek banánu** ein Stück Banane) *benutzt.*	**bez** ohne, **během** während, **blízko** nahe, **do** in, **kolem** um … herum, an … vorbei, **kromě** außer, **místo** (an)statt, **od** von, seit, ab, **podle** nach, laut, **u** an, bei, **uprostřed** in der Mitte, **vedle** neben, **z**[1] aus, von
3. Dativ	*Der Dativ wird für das Objekt im Wem-Fall benutzt.* (**Dám kávu studentovi.** Ich gebe dem Studenten Kaffee.)	**díky** dank, **k**[1] zu, **kvůli** wegen, **naproti** gegenüber, **proti** gegen
4. Akkusativ	*Der Akkusativ wird für das Objekt im Wen-Fall benutzt.* (**Mám rád kávu.** Ich mag Kaffee.)	**mezi** zwischen, **na** auf, an, **nad** über, **pod** unter, **pro** für, **před** vor, **přes** über, **skrz** durch, **za** für, **hinter**, in
5. Vokativ	*Der Vokativ wird zur Anrede von Menschen und Tieren benutzt.* (**Adame! Evo!** Adam! Eva!)	—
6. Lokativ	*Der Lokativ steht immer nach einer Präposition und wird oft für die Bezeichnung eines Ortes benutzt.* (**Jsem v autě.** Ich bin im Auto.)	**na** auf, an, **o** über, **po** nach, **při** bei, **v**[1] in
7. Instrumental	*Der Instrumental wird zur Bezeichnung eines Instruments oder Mittels benutzt, mit dessen Hilfe eine Tätigkeit durchgeführt wird.* (**Jedu autem.** Ich fahre mit dem Auto.)	**mezi** zwischen, **nad** über, **pod** unter, **před** vor, **s**[1] mit, **za** hinter

[1] *Die Präpositionen* **k, s, v** *und* **z** *haben zur besseren Aussprache auch die erweiterten Formen* **ke, se, ve** *und* **ze** *(z.B.* **ve vlaku** im Zug, **ve filmu** im Film, **ve škole** in der Schule*).*

Deklinace zájmen, adjektiv a substantiv v singuláru
Deklination von Pronomen, Adjektiven und Substantiven im Singular

Ma Maskulinum animatum (belebt) · Mi Maskulinum inanimatum (unbelebt) · F Femininum · N Neutrum · ähnliche Formen bei Pronomen und Adjektiven

Fall[1]	Beispielsatz	Pronomen[2]			Adjektive[3]		Substantive[4]		
		kdo, co	ten, ta, to	můj, moje	ý-Adjektive Adjektive mit der Endung -ý im Nom. Sg.	í-Adjektive Adjektive mit der Endung -í im Nom. Sg.	1. Deklinationsgruppe Ma/Mi-Substantive, die im Nom. Sg. auf einen Konsonanten ohne Häkchen enden, F mit der Endung -a und N mit der Endung -o	2. Deklinationsgruppe Substantive, die im Nom. Sg. auf einen Konsonanten mit Häkchen oder auf -e/-ě, -c, -j, -tel enden	3. Deklinationsgruppe Ma-Substantive, die im Nom. Sg. auf -a enden, F mit der Endung -st und N mit der Endung -í
1. Fall / Nominativ	To je…	kdo? co?	ten ten ta to	můj můj moje/má moje/mé	nový nový nová nové	moderní moderní moderní moderní	doktor obchod škola kino	lékař počítač restaurace, kancelář letiště	kolega místnost nádraží
2. Fall / Genitiv	Jsem u… Jdu do/z/od…	koho? čeho?	toho toho té toho	mého mého mojí/mé mého	nového nového nové nového	moderního moderního moderní moderního	doktora obchodu, lesa školy kina	lékaře počítače restaurace, kanceláře letiště	kolegy místnosti nádraží
3. Fall / Dativ	Telefonuju… Jdu k…	komu? čemu?	tomu tomu té tomu	mému mému mojí/mé mému	novému novému nové novému	modernímu modernímu moderní modernímu	doktorovi/doktoru obchodu škole, kavárně kinu	lékařovi/lékaři počítači restauraci, kanceláři letišti	kolegovi místnosti nádraží
4. Fall / Akkusativ	Hledám…	koho? co?	toho ten tu to	mého můj moji/mou moje/mé	nového nový novou nové	moderního moderní moderní moderní	doktora obchod školu kino	lékaře počítač restauraci, kancelář letiště	kolegu místnost nádraží
5. Fall / Vokativ	Dobrý den, … Ahoj, …			můj moje/má	nový nová	moderní moderní	doktore! Adame! Marku! doktorko! Evo!	lékaři! Lukáši! kolegyně! Lucie!	kolego! Honzo!
6. Fall / Lokativ	Mluvím o… Jsem v/na…	kom? čem?	tom tom té tom	mém mém mojí/mé mém	novém novém nové novém	moderním moderním moderní moderním	doktorovi/doktoru obchodě/obchodu škole, kavárně kině/kinu	lékařovi/lékaři počítači restauraci, kanceláři letišti	kolegovi místnosti nádraží
7. Fall / Instrumental	Mluvím s… Sejdeme se před…	kým? čím?	tím tím tou tím	mým mým mojí/mou mým	novým novým novou novým	moderním moderním moderní moderním	doktorem obchodem školou kinem	lékařem počítačem restaurací, kanceláří letištěm	kolegou místností nádražím

1. *Die Fälle werden der Reihe nach (erster, zweiter, dritter, … Fall) oder mit den lateinischen Namen (Nominativ, Genitiv, Dativ, …) bezeichnet.*

2. *Die Deklination der Fragepronomen* kdo, co *(die sog. Fallfragen) sollten Sie auswendig lernen. Sie helfen Ihnen nicht nur Fragen zu stellen, sondern wegen der ähnlichen Formen auch bei der Deklination der Demonstrativ- und Possessivpronomen und der Adjektive im Singular. Die Demonstrativpronomen* tento, tato, toto *und* tenhle, tahle, tohle *werden wie das Demonstrativpronomen* ten, ta, to *dekliniert. Die Possessivpronomen* tvůj, svůj, náš, váš *werden ähnlich wie* můj *dekliniert, z.B.:* m-ého, tv-ého, sv-ého, naš-eho, vaš-eho *usw. Die Pronomen* můj, tvůj, svůj *haben im Femininum und im Neutrum auch kurze Formen, z.B.* má, mé, *die wie* nový *dekliniert werden. Das Possessivpronomen* její *wird wie* moderní *dekliniert,* jeho *und* jejich *bleiben undekliniert. Das reflexive Possessivpronomen* svůj *bezieht sich immer auf das Subjekt des Satzes und wird in der Schriftsprache benutzt, z.B.:* Hledám svého kamaráda. *In der Alltagssprache benutzt man das reflexive Possessivpronomen nicht so oft, da kann man auch folgenden Satz hören:* Hledám mýho kamaráda.

3. *Adjektive können im Nominativ Sg. auf -ý (ý-Adjektive = harte Adjektive) oder auf -í (í-Adjektive = weiche Adjektive) enden. Beachten Sie die unterschiedliche Deklination.*

4. *Substantive werden je nach ihrer Endung im Nominativ Sg. in drei Deklinationsgruppen eingeteilt. Innerhalb dieser drei Deklinationsgruppen unterscheiden wir noch das Geschlecht, s. farbliche Kennzeichnung. Vorsicht: Bei einigen Substantiven kommt es zu Änderungen im Wortstamm, z.B.:* ů > o (dům > z domu), *das bewegliche -e- fällt weg* (den > ve dne) *oder ein Konsonant ändert sich (Palatalisierung)* h > z (Praha > v Praze), k > c (banka > k bance), r > ř (Petr > Petře!). *Anm. zur 1. Deklinationsgruppe: Einige Ma- und Mi-Substantive, die auf -l, -s, -z, -x enden (z.B.* král *König,* cíl *Ziel,* Francouz *Franzose,* Klaus, Felix*), werden nach dem Muster* lékař/počítač *der 2. Deklinationsgruppe dekliniert. F-Substantive die auf -el oder -ev enden (z.B.* postel *Bett,* láhev *Flasche), werden nach dem Muster* kancelář *der 2. Deklinationsgruppe dekliniert. Anm. zur 2. Deklinationsgruppe: Einige M-Substantive, die auf -tel oder -c enden (z.B.* hotel *Hotel,* kostel *Kirche,* tác *Tablett) gehören zur 1. Deklinationsgruppe. Ma-Substantive, die auf -e enden (z.B.* průvodce *Fremdenführer), werden außer im Vokativ Sg. (*průvodce!*) nach dem Muster* lékař *dekliniert. Einige F-Substantive, die auf einen Konsonanten mit Häkchen oder auf -c enden (z.B.* loď *Schiff,* nemoc *Krankheit) können in der Deklination sowohl die Endungen der 2. als auch der 3. Deklinationsgruppe haben (Mustersubstantive* kancelář *und* místnost*). N-Substantive, die auf -e/-ě enden und Jungtiere bezeichnen (z.B.* kuře *Hähnchen,* štěně *Welpe,* kotě *Kätzchen) sowie die Substantive* zvíře *Tier,* prase *Schwein,* morče *Meerschweinchen,* rajče *Tomate haben eine besondere Deklination. Sie werden nach dem Muster* kuře *dekliniert. Im Singular:* 1. kuře, 2. kuřete, 3. kuřeti, 4. kuře, 5. kuře! 6. kuřeti, 7. kuřetem.

Deklinace zájmen, adjektiv a substantiv v plurálu
Deklination von Pronomen, Adjektiven und Substantiven im Plural

Ma Maskulinum animatum (belebt) | Mi Maskulinum inanimatum (unbelebt) | F Femininum | N Neutrum

Fall[1]	Beispielsatz	Pronomen[2]			Adjektive[3]		Substantive[4]		
		kdo, co	ten, ta, to	můj, moje	ý-Adjektive Adjektive mit der Endung -ý im Nom. Sg.	í-Adjektive Adjektive mit der Endung -í im Nom. Sg.	1. Deklinationsgruppe Ma/Mi-Substantive, die im Nom. Sg. auf einen Konsonanten ohne Häkchen enden, F mit der Endung -a und N mit der Endung -o	2. Deklinationsgruppe Substantive, die im Nom. Sg. auf einen Konsonanten mit Häkchen oder auf -e/-ě, -c, -j, -tel enden	3. Deklinationsgruppe Ma-Substantive, die im Nom. Sg. auf -a enden, F mit der Endung -st und N mit der Endung -í
1. Fall / Nominativ	To jsou…	kdo? co?	ti ty ty ta	moji/mí moje/mé moje/mé moje/má	noví nové nové nová	moderní moderní moderní moderní	doktoři, páni/pánové obchody školy kina	lékaři, učitelé počítače restaurace, kanceláře letiště	kolegové, turisti/turisté místnosti nádraží
2. Fall / Genitiv	Byl jsem u… Chodím do/z/od…	koho? čeho?	těch těch těch těch	mých mých mých mých	nových nových nových nových	moderních moderních moderních moderních	doktorů obchodů škol, kaváren kin, divadel	lékařů počítačů restaurací, kanceláří, ulic letišť, moří	kolegů místností nádraží
3. Fall / Dativ	Telefonuju… Chodím k…	komu? čemu?	těm těm těm těm	mým mým mým mým	novým novým novým novým	moderním moderním moderním moderním	doktorům obchodům školám kinům	lékařům počítačům restauracím, kancelářím letištím	kolegům místnostem nádražím
4. Fall / Akkusativ	Hledám…	koho? co?	ty ty ty ta	moje/mé moje/mé moje/mé moje/má	nové nové nové nová	moderní moderní moderní moderní	doktory obchody školy kina	lékaře počítače restaurace, kanceláře letiště	kolegy místnosti nádraží
5. Fall / Vokativ	Dobrý den, … Ahoj, …			moji/mí moje/mé	noví nové	moderní moderní	doktoři! páni/pánové! doktorky!	lékaři! učitelé! kolegyně!	kolegové! turisti/turisté!
6. Fall / Lokativ	Mluvím o… Byl jsem v/na…	kom? čem?	těch těch těch těch	mých mých mých mých	nových nových nových nových	moderních moderních moderních moderních	doktorech obchodech, lesích školách kinech	lékařích počítačích restauracích, kancelářích letištích	kolezích, turistech místnostech nádražích
7. Fall / Instrumental	Mluvím s… Sejdeme se před…	kým? čím?	těmi těmi těmi těmi	mými mými mými mými	novými novými novými novými	moderními moderními moderními moderními	doktory obchody školami kiny	lékaři počítači restauracemi, kancelářemi letišti	kolegy místnostmi nádražími

1. *Die Fälle werden der Reihe nach (erster, zweiter, dritter, … Fall) oder mit den lateinischen Namen (Nominativ, Genitiv, Dativ, …) bezeichnet.*

2. *Die Deklination der Fragepronomen* kdo, co *(die sog. Fallfragen) sollten Sie auswendig lernen. Sie helfen Ihnen nicht nur Fragen zu stellen, sondern wegen der ähnlichen Formen auch bei der Deklination der Demonstrativ- und Possessivpronomen und der Adjektive im Singular. Die Demonstrativpronomen* tento, tato, toto *und* tenhle, tahle, tohle *werden wie das Demonstrativpronomen* ten, ta, to *dekliniert. Die Possessivpronomen* tvůj, svůj, náš, váš *werden ähnlich wie* můj *dekliniert, z.B.:* m-ého, tv-ého, sv-ého, naš-eho, vaš-eho *usw. Die Pronomen* můj, tvůj, svůj *haben im Femininum und im Neutrum auch kurze Formen, z.B.* má, mé, *die wie* nový *dekliniert werden. Das Possessivpronomen* její *wird wie* moderní *dekliniert,* jeho *und* jejich *bleiben undekliniert. Das reflexive Possessivpronomen* svůj *bezieht sich immer auf das Subjekt des Satzes und wird in der Schriftsprache benutzt, z.B.:* Hledám svého kamaráda. *In der Alltagssprache benutzt man das reflexive Possessivpronomen nicht so oft, da kann man auch folgenden Satz hören:* Hledám mýho kamaráda.

3. *Adjektive können im Nominativ Sg. auf -ý (ý-Adjektive = harte Adjektive) oder auf -í (í-Adjektive = weiche Adjektive) enden. Beachten Sie die unterschiedliche Deklination.*

4. *Substantive werden je nach ihrer Endung im Nominativ Sg. in drei Deklinationsgruppen eingeteilt. Innerhalb dieser drei Deklinationsgruppen unterscheiden wir noch das Geschlecht, s. farbliche Kennzeichnung. Vorsicht: Bei einigen Substantiven kommt es zu Änderungen im Wortstamm, z.B.:* ů > o (dům > domy), *das bewegliche -e- fällt weg* (den > dny) *oder ein Konsonant ändert sich (Palatalisierung),* k > c (kluk > kluci, hezký > hezcí), r > ř (doktor > doktoři, dobrý > dobři). *Anm. zur 1. Deklinationsgruppe: Einige Ma- und Mi-Substantive, die auf -l, -z enden (z.B.* král *König,* cíl *Ziel,* Francouz *Franzose), werden nach dem Muster* lékař/počítač *der 2. Deklinationsgruppe dekliniert. F-Substantive die auf -el oder -ev enden (z.B.* postel *Bett,* láhev *Flasche), werden nach dem Muster* kancelář *der 2. Deklinationsgruppe dekliniert. Anm. zur 2. Deklinationsgruppe: Einige M-Substantive, die auf -tel oder -c enden (z.B.* hotel *Hotel,* kostel *Kirche,* tác *Tablett) gehören zur 1. Deklinationsgruppe. Ma-Substantive, die auf -e enden (z.B.* průvodce *Fremdenführer), werden nach dem Muster* lékař *dekliniert. Einige F-Substantive, die auf einen Konsonanten mit Häkchen oder auf -c enden (z.B.* loď *Schiff,* nemoc *Krankheit) können in der Deklination sowohl die Endungen der 2. als auch der 3. Deklinationsgruppe haben (Mustersubstantive* kancelář *und* místnost*). N-Substantive, die auf -e/-ě enden und Jungtiere bezeichnen (z.B.* kuře *Hähnchen,* štěně *Welpe,* kotě *Kätzchen) sowie die Substantive* zvíře *Tier,* prase *Schwein,* morče *Meerschweinchen,* rajče *Tomate haben eine besondere Deklination. Sie werden nach dem Muster* kuře *dekliniert. Im Plural:* 1. kuřata, 2. kuřat, 3. kuřatům, 4. kuřata, 5. kuřata! 6. kuřatech, 7. kuřaty.

Deklinace substantiv v singuláru – modelové věty
Deklination von Substantiven im Singular – Modellsätze

Ma Maskulinum animatum (belebt) · *Mi* Maskulinum inanimatum (unbelebt) · *F* Femininum · *N* Neutrum

1. Fall / Nominativ kdo? co?	**To je doktor, obchod, škola, restaurace a kino.**
2. Fall / Genitiv koho? čeho?	**Jsem u doktora. Jdu do obchodu, do školy, do restaurace a do kina.**
3. Fall / Dativ komu? čemu?	**Jdu k doktorovi, k obchodu, ke škole, k restauraci a ke kinu.**
4. Fall / Akkusativ koho? co?	**Hledám doktora, obchod, školu, restauraci a kino.**
5. Fall / Vokativ ---	**Dobrý den, pane doktore a paní doktorko! Ahoj Adame, Marku, Lukáši, Evo a Lucie!**
6. Fall / Lokativ kom? čem?	**Mluvím o doktorovi. Byl jsem v obchodě, ve škole, v restauraci a v kině.**
7. Fall / Instrumental kým? čím?	**Mluvím s doktorem. Sejdeme se před obchodem, školou, restaurací a kinem.**

Deklinace substantiv v plurálu – modelové věty
Deklination von Substantiven im Plural – Modellsätze

Ma Maskulinum animatum (belebt) · *Mi* Maskulinum inanimatum (unbelebt) · *F* Femininum · *N* Neutrum

1. Fall / Nominativ kdo? co?	**To jsou doktoři, obchody, školy, restaurace a kina.**
2. Fall / Genitiv koho? čeho?	**Byl jsem u doktorů. Chodím do obchodů, do škol, do restaurací a do kin.**
3. Fall / Dativ komu? čemu?	**Chodím k doktorům, k obchodům, ke školám, k restauracím a ke kinům.**
4. Fall / Akkusativ koho? co?	**Hledám doktory, obchody, školy, restaurace a kina.**
5. Fall / Vokativ ---	**Dobrý den, páni doktoři a paní doktorky!**
6. Fall / Lokativ kom? čem?	**Mluvím o doktorech. Byl jsem v obchodech, ve školách, v restauracích a v kinech.**
7. Fall / Instrumental kým? čím?	**Mluvím s doktory. Sejdeme se před obchody, školami, restauracemi a kiny.**

Diese Modellsätze enthalten Mustersubstantive aus den Deklinationstabellen auf S. 83 und 84. Sie können Ihnen helfen, sich die wichtigsten Endungen für die einzelnen Fälle besser zu merken. In diesen Modellsätzen sehen Sie die Mustersubstantive der 1. Deklinationsgruppe (doktor, obchod, škola, kino) *und z.T. der 2. Deklinationsgruppe* (restaurace).

Lída Holá – Pavla Bořilová **Tschechisch Express 4 / Anhang** (Čeština expres 4 / Příloha)
Lektorovaly Friderike Komárek a Kateřina Šichová, překlad Friderike Komárek – Grafická úprava a sazba Olga Fischerová – 1. vydání 2019
Tisk Těšínské papírny, s. r. o., Bezručova 212/17, 737 01 Český Těšín
ISBN 978-80-7470-206-8 (německá verze / deutsche Version)